中国优秀传统文化视域下的大学生思政教育

冯向明　席亚楠　金　蕾◎著

北京燕山出版社

图书在版编目（CIP）数据

中国优秀传统文化视域下的大学生思政教育 / 冯向明 , 席亚楠 , 金蕾著 . -- 北京 : 北京燕山出版社 , 2023.10

ISBN 978-7-5402-7081-0

Ⅰ . ①中… Ⅱ . ①冯… ②席… ③金… Ⅲ . ①中华文化—关系—大学生—思想政治教育—研究—中国 Ⅳ . ① K203 ② G641

中国国家版本馆 CIP 数据核字（2023）第 201315 号

中国优秀传统文化视域下的大学生思政教育

著者：冯向明　席亚楠　金蕾

责任编辑：战文婧

封面设计：沈莹

出版发行：北京燕山出版社有限公司

社址：北京市西城区椿树街道琉璃厂西街 20 号

邮编：100052

电话：86-10-65240430（总编室）

印刷：天津和萱印刷有限公司

成品尺寸：170 mm × 240 mm

字数：170 千字

印张：9.5

版别：2024 年 5 月第 1 版

印次：2024 年 5 月第 1 次印刷

ISBN：978-7-5402-7081-0

定价：68.00 元

作者简介

冯向明，女，1985年9月出生，河南巩义人，毕业于河南师范大学，硕士研究生学历，曾担任大学生思想政治辅导员四年，现任中原科技学院马克思主义学院讲师。研究方向：大学生思想政治教育。主持并完成厅级课题四项、校级课题两项，参与河南省教学科学规划课题两项、河南省"十三五"规划课题两项、其他厅级课题等四项，发表学术论文五篇。

席亚楠，女，1987年12月出生，河南许昌人，毕业于华中师范大学，硕士研究生学历，现任中原科技学院马克思主义学院讲师。研究方向：马克思主义中国化。参与并完成厅局级课题四项，发表学术论文五篇。

金蕾，女，1984年3月出生，河南商丘人，毕业于河南师范大学，硕士研究生学历，现任中原科技学院马克思主义学院讲师。研究方向：大学生思想政治教育。主持并完成厅级课题四项、参与厅级课题四项，发表学术论文四篇，获得省厅级教科研奖励四项。

前　言

　　大学生思政教育做好大学生主流思想意识形态宣传教育的同时，还发挥着陶冶情操、塑造人格、深化思想、润泽心灵、启迪智慧的重要作用。将中国优秀传统文化融入大学生思政教育，就是要坚持"立德树人"的根本任务，充分挖掘中国优秀传统文化核心理念和人文精神的育人价值，推动中国优秀传统文化在大学生思政教育中的创造性转化和系统性融入，以丰富大学生思政教育的内容，不断升华和完善大学生的精神境界和道德人格，促进大学生全面发展，切实增强新时代大学生思政教育的实效性。

　　全书共六章。第一章为中国传统文化概述，主要阐述了何谓文化、中国传统文化的内涵、中国优秀传统文化的内涵等内容；第二章为大学生思政教育概述，主要阐述了大学生思政教育的特征和形势、大学生思政课程的建设、大学生思政教育的内容、目标和途径、大学生思政教育的重要性等内容；第三章为中国优秀传统文化与大学生思政教育的关系，主要阐述了中国优秀传统文化的思政教育价值、中国优秀传统文化与思政教育的关系、中国优秀传统文化中的思政教育资源等内容；第四章为中国优秀传统文化与大学生思政教育的融合，主要阐述了中国优秀传统文化融入大学生思政教育的现状、中国优秀传统文化融入大学生思政教育的可行性、中国优秀传统文化融入大学生思政教育的意义等内容；第五章为中国优秀传统文化融入大学生思政教育的内容，主要阐述了核心思想理念、中华传统美德、中华人文精神等内容；第六章为中国优秀传统文化融入大学生思政教育的途径，主要阐述了中国优秀传统文化融入大学生思政教育的阻碍、中国优秀传统文化融入大学生思政教育的机制、中国优秀传统文化融入大学生思政教育的措施等内容。

　　在本书撰写的过程中，作者借鉴了国内外很多相关的研究成果，在此对相关学者、专家表示诚挚的感谢。

　　由于作者水平有限，书中有一些内容还有待进一步深入研究和论证，在此恳切地希望各位同行专家和读者朋友予以斧正。

目　录

第一章　中国传统文化概述

中国作为四大文明古国之一，拥有着悠久的历史文化，中国传统文化代表着中华民族发展历程中的文明、风俗以及精神，是民族谋求稳定、可持续发展的重要支撑。本章分为何谓文化、中国传统文化的内涵、中国优秀传统文化的内涵三部分。

第一节　何谓文化

文化的概念涉及面特别广泛，且具有深刻的内涵，深入理解文化的内涵对挖掘学习利用中华优秀传统文化资源很有帮助。《易经》中有这样一段话："观乎天文，以察时变；观乎人文，以化成天下。"其中把"文"和"化"两字单独拆开进行论述，其内涵分别体现出人文和教化，在这里，"人文"与"以化成天下"密切相连，以文教化的意思特别明朗，即达到以文治天下的目的。这段话的大概意思就是那些手中掌握权力的人可以通过考察天象来进一步弄清楚时序的变化，经过观察总结出人类社会各种各样的情况，进而更好地运用教育感化的措施来统治国家。唐代学者孔颖达在理解这段话时谈到了自己的观点，他从社会历史发展的角度出发，认为艺术、风俗、礼仪等归类于上层建筑。他对文化的看法与中国封建社会的发展情况相符合，统治阶级利用"文化"主要是以"文德"来对人民的思想意识进行统一，达到维护并巩固封建社会的意识形态的目的。从古代人们对文化的看法中，我们可以了解到，古人以文化为载体施加教育，培养人民的人文素质、人文情怀，提升人民的道德修养，彼时的文化具有一定的阶级色彩，代表着阶级意识，其目的是巩固封建统治阶级的统治。

由于中西方经济、群居部落和人文环境等方面的不同，人们对文化的认识也有所区别。文化的英文形式是"culture"，源自拉丁文的"cultura"，这个词在西方古代社会被人们理解为"灵魂的培养及土地的开发、种植"。后来随着社会历史的发展，"culture"逐渐从土地的耕耘和种植的意思转变为注重人的精神陶冶和品德教育。英国优秀的文化人类学家泰勒于其著作《原始文化》中谈到了"文化"的内涵，他认为文化是一个复杂的概念，有着丰富的思想内涵，包括知识、信仰、艺术、道德、法律、风俗以及作为社会成员的个人而获得的任何能力与习惯。

马克思对文化的含义的认识是一个缓缓深入的进程。通过梳理资料，他将文化的概念分为两部分：宏观的文化和微观的文化。宏观的文化就是人类通过劳动创造的一切物质产品和精神产品的总和。微观的文化就是专指包括语言、文学、艺术及一切意识形态在内的精神产品。要是从宏观的方面看，所涉及的范围之大，囊括了以人类为主体的所有实践活动和改造成果。要是从微观的方面看，可以除去人们实践活动中的物质性成果，单指人类精神方面的成果。

综上所述，可以得出文化的定义：文化指的是一种社会现象，其主体是人，人在实践活动中发挥主观能动性创造了文化。文化又可分为宏观文化和微观文化，即广义文化和狭义文化。广义的"文化"就是人在实践活动中产生出的精神成果和物质产品，狭义的"文化"就是以精神为主导的价值、思想、信仰、理想等。

第二节　中国传统文化的内涵

一、中国传统文化的含义

（一）何谓传统

"传统文化"是一个复合词，从词义上看，意为传统的文化，因此首先需要理解何谓"传统"。文化的基本要素有四个：时代、地域、民族、宗教。时代、地域是文化的客体性坐标，民族、宗教是文化的主体性坐标，通过这四个要素基本可以锚定一个文化体在世界文化中的位置。传统，正是时代要素的一个组成部分，它代表着过去，与现代相对应。传统由历史衍生或选择而成。

传统意味着代代相传的事物，即从历史上延传至今的东西。传统涵盖的内容十分广泛，既包括看得见、摸得着的物质实体，也包括借由物质形式体现，但与物质完全不同的抽象的表意象征。物质实体，如古建筑、废墟和遗迹、古器古玩、纪念碑、钱币、书籍等，它们被灌注了人的思想和精神，因而具有双重传统。表意象征，如知识、经验和技术、宗教、科学和学术著作、文学作品以及过去实践中形成的惯例等，再详细而言，它们可能是象征符号、文化客体、观念、命题、形象、信仰或制度等。

传统的主要特点有四个：第一，传统产生于过去，自诞生到最终被大多数人确认为传统，通常有较长的历史；第二，传统具有同一性，无论其外在符号在世代继承中是否发生改变，其内在的基本因素、共同主题基本保持一致；第三，传统具有持续性，长则几千年，短则至少需要三代人的两次传承才能成为传统；第四，传统会随着内部因素和外部因素的改变而发生变迁，如发生传统交融、传统冲突、传统解体和传统消亡。

传统是一把双刃剑，一方面传统是检验文化生命力的直观标准，另一方面传统又具有惯性和惰性。英国文化研究学派开创者之一的雷蒙·威廉斯在梳理"传统"一词的含义时，也指出其具有双重倾向。从肯定的一面来说，"传统"与"礼仪""敬意"和"责任"有关，以其神圣性对个人行为的道德规范方面具有积极作用，从而可以维持社会稳定，进而使得社会群众具有内聚力，能够朝着一个共同的目标，诸如社会进步、社会发展而努力。从否定的一面来说，启蒙运动以来西方社会强调理性，随着科学技术、市场经济、法制的迅猛发展，传统逐渐被视为与理性对立的观点。美国著名社会学家爱德华·希尔斯提出了"实质性传统"理论，他认为"实质性传统"是人类的思想范式之一，是一种崇尚过去的成就和智慧，是一种把从过去继承下来的行为模式视为有效指南的思想倾向，如对家庭的感情、对祖先的敬重、对家乡的怀念等。"实质性传统"的存在并非迷信，而是人类原始心理倾向的表露，大多数人天生就需要它。人们长期敬重和依恋"实质性传统"，从而会在无形中控制自身的社会行为。社会不仅有空间上的整合，而且也有时间上的整合，和传统割裂，会使个人和社会处于一种失范状态，使人们感到无所适从、不知所措。

由此可见，传统与文化具有天然的亲和力。当人们提到传统时，更多时候意指那些从古流传至今的表意象征，这也是美国人类学家克鲁伯、克拉克洪整理出的文化定义中有两类特性直接与传统密切相关的原因，即历史性和遗传性。二人随后更直接强调"文化的基本核心来自传统观念"。

（二）传统文化及相关概念

当理解了"传统"后，"传统文化"便可理解为历朝历代存在过的种种物质的、制度的和精神的文化实体和文化意识。人类作为有限的存在，总是处在传统文化之中，不论我们意识到与否，传统文化影响并塑造我们，始终是我们生活的一部分。

大多数时候，传统文化不仅彰显了文化的时代要素，往往也包含了民族要素。各民族有不同的传统文化，因此，传统文化也可以定义为"某种文明演化而汇集成的反映民族特质和风貌的民族文化"。

国内学术界常常把"传统文化""中国文化""中国传统文化"三个概念混用，有学者梳理了中国近30多年的文化研究和文化建设实践，指出这三个概念在大多数情况下可看作同义，"中国传统文化"常常被习惯性略称为"中国文化"和"传统文化"，不同语境下使用习惯会略有不同。近年来，随着国家对传统的日益强调，国内学者使用"传统文化"的频率更高。

"中国传统文化"和"传统文化"在强调时代时，往往同义，其侧重点在"传统"二字。若具体比较起来，"中国传统文化"是"传统文化"的一种，"传统文化"包含全人类、各民族的传统文化。

"中国传统文化"和"中国文化"在强调地域、民族，强调文化独特性时，往往同义，其侧重点在"中国"二字。若具体比较起来，"中国传统文化"是"中国文化"的一部分，"中国文化"不仅包括过去的中国文化，而且还包括现代的中国文化。

"中国文化"和"传统文化"看似前一个强调地域、民族因素，后一个强调时代因素，但两个概念有时在具体语境中可视作同义。

二、中国传统文化的功能

（一）文化传承功能

中华文明之所以能够留存千年，中华文化之所以能够成长为参天大树，中华民族之所以能够生生不息，究其原因是我们厚植其根。在过去五多千年的漫长岁月里，中国文化灿烂辉煌。先秦时期诞生的楚辞，汉赋、唐诗、宋词、元曲和明清小说，极具特色的写意中国画以及古色古香的南方园林和气势磅礴的皇家建筑，等等，无不展示着中华文化的魅力。传统文化通过书籍、口口相传、物质遗产等方式让现在的人们也能了解过去，感受古中华文明之遗风。

（二）民族凝聚功能

中华民族创造了难以比拟的灿烂文明，同时也遭受了各种难以想象的苦痛，尤其是在鸦片战争后，随着西方列强的入侵，中华民族陷入了深深的苦难中，并经历了长达百年的屈辱史。即使是在这种情况下，中华民族也没有分崩离析，这是因为我们强烈的民族认同感，而我们的民族认同感则源于我们对本国文化的自信。文化是民族的根与魂。文化的作用就是使得思想精神慢慢内化于人民心中，通过传统文化的熏陶洗礼，我国各民族人民在相似的历史背景中成长，最终也会越来越有凝聚力，越来越有民族认同感。

（三）社会教化功能

中华文化的主要思想和基本精神大多是教育人民要提升自我道德品质、培养健康人格。儒家思想在这一方面表现得尤为突出，孔子教育学生最重视德行修养，如在《论语·学而》篇中所说："弟子入则孝，出则弟，谨而信，泛爱众，而亲仁，行有余力，则以学文。"在孔子看来，德行为本。传统文化用它的精神源泉灌溉着中华民族，培养能够担起时代大任的中国人。

第三节　中国优秀传统文化的内涵

一、中国优秀传统文化的概念

中华民族在五千多年的历史发展中形成了源远流长、历史悠久的文化，其中历久弥新的优秀成分就是我们现在习惯性表述的中国优秀传统文化。

"传统文化"是一个民族的历史文化，是具有鲜明民族特色的文化。中国传统文化是以儒家文化为主体，是中华民族历经数千年发展形成的相对稳固的政治、经济、艺术等方面的各种物质与非物质文化的综合体。中国传统文化在内容上既包括传统哲学思想、传统艺术、传统文学等，又包括民风民俗、民间工艺等，是中华民族在实践过程中产生的成果，影响着中华民族数千年的社会发展。具有两千多年历史的封建社会所形成的封建文化是中国传统文化的重要部分，其中一些封建思想在某些时候仍然会对当代的人们产生一定程度上的消极影响。但也有一部分思想跨越时空、地域的限制，至今对当代社会的各个领域的发展仍然具有重要意义。因此，中国传统文化既有精华又有糟粕，对待中国传统文化必须以辩证的方式去看待，取其精华，去其糟粕，深入挖掘中国传统文化中与中国特色社会主义发展相符合的精神基因。

"中国优秀传统文化"属于"中国传统文化"范畴中的精华部分，具有较稳定的文化形态，是中华民族智慧的结晶。关于中国优秀传统文化的内涵，学术界没有统一的定论，各抒己见，各有千秋。人际和谐和天人协调是中国优秀传统文化中两个主要的基本思想观点。中国优秀传统文化是中国传统文化的精华、精神、气魄所在，体现了民族精神的价值内涵。中华民族在长期的发展过程中形成了以"天下一统的国家观、人伦和谐的社会观、勤俭耐劳的生活观"等为主要特征的中国优秀传统文化，在中华民族五千多年的历史发展中发挥了重要的作用。学术界主要是从内容、特征、功能等方面阐述中国优秀传统文化的，其认为，中国优秀传统文化是中华各民族在交流、碰撞、交锋中发展起来的具有中华民族特色的，并且能经过历史考验、实践考验而保留下来的，至今对当代国家、民族、社会和个人发展起推动作用的所有精神和物质成果的总和。它既包括以客观形式存在和延续的经典文献、古玩器物等，又包括以主观形式存在和延续的思维方式、伦理道德、行为规范、风尚习俗等。

二、中国优秀传统文化的特点

任何一种文化都有区别于其他文化的特点，中国优秀传统文化同样具有独特的民族文化烙印。了解中国优秀传统文化的特点对传承和发扬中华文化有很好的借鉴作用。中国优秀传统文化的主要特点主要表现在以下四个方面。

（一）继承与创造

中国作为世界四大文明古国之一，其文化延续了数千年没有断流，一个重要原因是中国优秀传统文化具有继承性和创造性。中国优秀传统文化曾历经磨难与挫折，但仍在漫长而曲折的过程中得以传承。无数后人不断总结并在创新中不断发展前人的智慧成果，使得中国优秀传统文化经久不衰、源远流长。中国优秀传统文化之所以能有顽强的生命力以及应变能力，正是因为一代代中国人民的持续努力和不懈坚持。在不同的历史时期，中国优秀传统文化都能够与时俱进、推陈出新，从而不断推动中华民族向前发展。

（二）包容与开放

中国优秀传统文化绵延至今，不断发展完善，展现出顽强不息的生命力和创造力，彰显出海纳百川的胸襟，也凸显出兼容并包的情怀，包容性和开放性的特点尤为显著。所谓包容性，即"特定的文化形态在平等对待和充分尊重其他各种文化形态的同时，以自觉的意识和开放的姿态积极主动地与对方进行沟通交流，广泛借鉴和吸收其优点，从而不断实现吐故纳新和繁荣发展"。中华民族大家庭由 56 个民族构成，各民族的风俗习惯、语言文字、思维方式、生活方式和观念迥然有异，差异性、个性化突出，但经过几千年的历史变迁和岁月更迭，中华文化兼容并包，逐步形成了以汉族文化为主体，融合其他少数民族文化的多元的、璀璨的、开放的中国优秀传统文化。

对待外来文化也是如此，中华民族始终秉持乐于接纳、积极探索的态度。早在东汉时期，佛教传入中国，东汉统治者对佛教并未采取抵制的态度，而是鼓励传播，积极倡行，还对佛教经典进行译解。佛教通过不断吸收、借鉴、融合中国优秀传统文化，最终与儒家文化和道家文化并肩而行、共同发展。习近平总书记在巴黎联合国教科文组织总部发表演讲时指出："佛教产生于古代印度，但传入中国后，经过长期演化，佛教同中国儒家文化和道家文化融合发展，最终形成了具有中国特色的佛教文化，给中国人的宗教信仰、哲学观念、文学艺术、礼仪习俗留下了深刻影响……中国人根据中华文化发展了佛教思想，形成了独特的佛教理论，而且使佛教从中国传播到了日本、韩国、东南亚等地。"除此之外，近代基督教传入中国，首次打破了中国与欧美文化的藩篱，除了宗教文化与科技文化的交流以外，基督教也给中国带来了西方的人文学术成果如哲学、史学、文学等；同时传教士们又把中国的传统文化特别是儒家和道家学说介绍到欧洲，给欧洲启蒙时代的思想家们以深刻的影响。世界三大宗教之一的伊斯兰教，约于公元七世纪中叶开始由阿拉伯传入中国。经过长期的传播、发展和演变逐渐形成具有中国特色的伊斯兰教。回顾伊斯兰教在中国传播和发展的历史，我们看到是中国和阿拉伯的使者、宗教家和商人架起了中、阿两大地区间经济、文化和宗教交流的桥梁，是他们把这一具有世界影响的宗教移植和传播到了中国；同时也把古老的中国文明带到了阿拉伯、伊斯兰世界。可以说，中国优秀传统文化对外来文化秉持兼收并蓄、取长补短的原则，在保持自身特色的同时，积极主动吸收外来文化的先进成果，将其融会贯通、发展改造，使其成为中国优秀传统文化的一部分，有助于在交流中实现自我发展与创新，不断丰富和拓展中国优秀传统文化的内涵，促进中国优秀传统文化的蓬勃发展，保持旺盛的生命力和创新性，这也在中华民族文化发展史上留下了浓墨重彩的一笔。

（三）重伦理、倡道德

伦理道德是中国优秀传统文化的精髓和核心。优秀传统文化有着显著的伦理性特征，伦理道德观念在传统文化中始终处于核心地位，是进行价值判断的依据。历代统治者大力倡扬以人为本的伦理道德观，对此，民众也极为推崇。传统文化崇德尚贤的伦理性特征强调重视人的德行修养，主张人们通过加强自我道德修养，成为具有高尚品质、崇高理想的人。

优秀传统文化的一大本色是崇"德"。崇"德"一方面要求加强个人品德修养，以实现自我价值，另一方面则要求将道德作为整个社会、整个文化的立足点。关于德育至上这一观点，在中国古代典籍中多有记载，如"克明俊德，以亲九族"（《尚书·虞书·尧典》），"惟不敬厥德，乃早坠厥命"（《尚书·周书·召诰》），这些都表明了敬德、修德的重要性。

在人伦关系方面，传统文化的崇"德"思想主张人们应加强自我品德修养，践行孝道，侍养亲族，关爱兄弟，做到"亲亲"。在处理个人与他人关系时，能推己及人，做到自己不想要的就不要推给别人，将爱亲延伸到受众。在政治主张方面，传统文化的崇"德"思想极为推崇"内圣外王"之道，希望统治者用崇高的道德品质治理国家，施"仁政"、行"王道"。在自我修养方面，传统文化极为注重个体自我修养与道德完善，古代贤哲终其一生的理想追求是成为道德上的"完人"，这也是其修身克己、勤奋为学的根本目的。

重伦理、倡道德始终在传统文化中处于核心地位，传统文化将"德"作为整个社会的基础，保障了社会的长久稳定，形成了牢固的家庭关系、融洽的人际关系，在中国大一统思想的形成中产生了不可比拟的积极影响。但我们也要看到，这种道德观念强调家主、君王的权威，要求家庭成员和臣民无条件服从，在一定程度上阻碍了民主思想的产生与发展。同时，一味倡导人们遵循道德伦理，导致个人身心需求被漠视，个人权利被忽略，这阻碍了人们创造性、自主性的培养。因此，传统文化的伦理性特征具有二重性。

（四）统一与多样

中国优秀传统文化历经数千年的风雨洗礼，依旧生机勃勃，绵延不绝，这都与其自身的统一性与多样性特征密不可分。自秦始皇统一中国后，对全国的文字、度量衡、符号、货币等进行了统一，中国传统文化也在这一背景下实现统一，此后虽历经朝代兴衰、政权更迭，但传统文化始终是一个统一体，并未产生巨大的变动。在中国传统文化统一体形成和发展的过程中，经过历朝历代的大力倡行，加之颁行法令强化，最终形成以儒学文化为主导、儒释道三家共存的独特的文化形态。春秋战国时期，在思想文化领域，各种思想纷纷涌现、学派林立、争论博弈，形成了"百家争鸣"的盛象，呈现出异彩纷呈的特点，儒家文化与道家文化、法家文化等诸多文化相互吸收借鉴、交织融合，构成了整个中国优秀传统文化。同时，在广袤的中国大地上，不同的地理环境使各民族根据地域特点而形成了各具特色的文化，由此构建起以中原文化为主体，集吴越文化、岭南文化、荆楚文化、巴蜀文化和游牧文化等民族文化于一体的文化体系。正是这些多种多样优秀的风俗习惯、思维方式、行为准则、价值观念，使得中华文化历经五千余年而仍然得以延续。这些独具特色的传统文化成为各民族心理之"根"和思想之"魂"，它们在保留自身民族特色的同时，也在碰撞、交流、融合中不断相互借鉴并发展，形成了中华文明博大的文化体系和丰富的文化内涵，构成了以多样性为鲜明特征的中国优秀传统文化。

三、中国优秀传统文化的时代价值

中国优秀传统文化不仅对个体成长发展具有重要作用，而且对于整个中华民族的发展也有着深远的影响，彰显出意蕴深远的时代价值。

（一）文化强国建设的强大支撑

中国优秀传统文化作为深厚的文化软实力，能增强民族自信心和自豪感，能提供坚实的历史支撑，推动社会主义文化强国建设。

第一，传统文化蕴含着丰富的内容和处世的智慧，诸子百家的哲学、浩如烟海的史书典籍、传诵至今的诗篇等都是人类文明的重要财富，谈起举世瞩目的中华文化，中华儿女无不为之自豪。在建设社会主义文化强国的伟大征程中，中国优秀传统文化具有的强大的前进力量、正向精神给予我们强大的信心和坚定的信念。

第二，中国优秀传统文化是随着历史的脚步而不断发展的，支撑着中华民族从坎坷中奋起，涅槃重生。经过几千年的历史发展而沉淀下来的文化精华是历史和人民的选择，经得住时间和实践的考验。只有尊重历史，延续传统文化的血脉，在继承的基础上发展，才能使传统文化发扬光大、有所创新；只有从优秀传统文化中挖掘价值资源，才能促进民族认同、文化认同，推进新时代文化强国的建设。

（二）社会主义核心价值观的思想沃土

社会主义核心价值观与优秀传统文化紧密相连，二者密不可分，后者为前者提供滋养，丰富其内涵。社会主义核心价值观包括国家、社会、个人三个层面的价值准则，这些价值准则都可以在优秀传统文化中找到依据。国家层面上的富强、文明与古人"平天下"的社会理想一致，民主、和谐分别与古代的民本思想以及传统文化中的"尚和谐"思想和"天人合一"思想有契合之处。社会层面的价值准则也能在中国优秀传统文化中找到一脉相承的思想来源，如在儒家思想中孔孟追求的就是仁爱、平等。孔子推崇的"有教无类"的思想，就是指不能因为贫富、贵贱、贤愚等而把一些人排除在教育对象外。"己所不欲，勿施于人"，这也是要求推己及人，尊重他人、平等待人，这与社会层面所提倡的平等、公正相契合。自由思想与道家追求的顺其自然和中道自由有相通之处。个人层面的爱国、敬业、诚信、友善自古以来就是中华民族的优良传统，精忠报国、一诺千金等成语典故都是最好的写照。

（三）个体修养和民族发展的助推力量

中国优秀传统文化为个体人格的修养提供了文化资源，也为整个民族和国家提供了发展智慧。

在健全个体修养方面，中国优秀传统文化发挥着育人功能，影响着中国人的思想方式和行为方式。"位卑未敢忘忧国"的报国情怀、淡泊明志的人生态度、"老吾老以及人之老，幼吾幼以及人之幼"的传统美德、"我自横刀向天笑，去留肝胆两昆仑"的担当意识、"吾日三省吾身"的自身修养方式等都是中国智慧，能激发出个体努力向上、奋勇前行的力量。在多元文化并存的今天，中国优秀传统文化更能彰显其育人功效，指引每一个中华儿女的成长，培养和健全其个体人格。

在民族发展方面，中国优秀传统文化蕴含着攻坚克难的重要启示，为治国理政提供了有益启迪，能助推社会主义现代化强国的建设和中华民族伟大复兴中国梦的实现。在新时代，面临着各种难题，我们必须借鉴和吸收中国优秀传统文化中的经验教训，为国家治理和民族发展提供智慧。例如，中国古代政治思想中的民本思想有着深远影响。中国自古秉承民为邦本的理念，古人知民、忧民、爱民的态度与当今时代发展为了人民、发展依靠人民、发展成果由人民共享的思想有共通之处。"以和为贵"作为传统文化中重要的价值取向，无论是在规范个人言行和协调人际关系方面，还是在社会管理和治理国家方面都有着重要的引导作用。当今社会同样十分重视"和"文化，其对于我国建设社会主义现代化强国、处理国际关系有着重要的时代价值。

第二章 大学生思政教育概述

中国特色社会主义进入新时代,大学生思政教育在新的历史时期也有新变化,产生了新内容、新环境、新载体。在习近平新时代中国特色社会主义思想的引领下,科学技术的发展给大学生思政教育带来了发展机遇。与此同时,新思潮的出现对传统教育模式的冲击、新技术的运用不够成熟、新思想容易造成意识渗透等问题也给大学生思政教育带来了挑战。本章分为大学生思政教育的特征和形势,大学生思政课程的建设,大学生思政教育的内容、目标和途径、大学生思政教育的重要性四部分。

第一节 大学生思政教育的特征和形势

一、大学生思想政治教育的特征

大学生思想政治教育既具有思想政治教育的一般特征,同时也具备一些鲜明的特点。随着我国经济的快速发展以及综合国力的快速提升,我国大学生思想政治教育也面临着巨大的挑战,出现了一些新的特征。

(一)导向性

导向性是指教育者在进行思想政治教育时要坚定目标、心存志向,以引导受教育者朝着正确的方向发展。思想政治教育的本质决定了思想政治教育具有导向性的特征。思想政治教育的导向性主要体现在以下几点。首先,坚持马克思列宁主义、毛泽东思想、邓小平理论、"三个代表"重要思想、科学发展观、习近平新时代中国特色社会主义思想的指导,要善于理论联系实际,坚持正确的导向;其次,坚持中国特色社会主义道路不动摇,坚持把我国建设成为富强、民主、文明、和谐、美丽的社会主义现代化强国的共同理想不动摇;最后,坚持中华民族的伟大复兴，始终坚持马克思主义的政治立场，坚持无产阶级的立场，坚持共产主义理想。

（二）综合性

思想政治教育的综合性主要体现在以下几个方面。

1. 教育目标的综合性

思想政治教育目标的确立需要依据党和国家的奋斗目标、教育对象的思想政治品德的现状和发展的需要、历史实践的依据等因素，这就决定了思想政治教育目标具有综合性。

2. 教育内容的综合性

思想政治教育的内容包括科学世界观教育、政治观教育、人生价值观教育、道德观教育、法制观教育、心理健康教育等，这就表明了思想政治教育的内容具有综合性。

3. 方式方法的灵活性

思想政治教育的方式方法具有灵活性，为了达到一定的教育目标，会采取各种行之有效的方法，以此来提高思想政治教育的实效性。

4. 知识借鉴的丰富性

思想政治教育在理论和实践中借鉴和吸收了哲学、教育学、政治学、历史学、心理学、社会学等多方面的知识，以此体现了综合性的特征。

（三）复杂性

大学生思想政治教育的复杂性首先体现在教育环境的复杂性上。大学生思想政治教育的发展离不开相应的经济、政治、文化和网络环境。目前，大学生是思想政治教育的主要对象，而当前的大学生大部分是"00 后"，他们大多具有多元化的价值追求，也更加追求个性化和自主化。这对当前的思想政治教育提出了更高的挑战。

（四）创新性

创新是一个民族进步的灵魂，是一个国家兴旺发达的不竭源泉，万事万物的发展也离不开创新。我们的时代在发展、在进步，大学生思想政治教育也应该不断地与时俱进。从整体上看，大学生思想政治教育在教育内容、方法、理念以及体制机制等方面具有较强的时代性和创新性。

二、大学生思想政治教育新形势

（一）互联网环境下大学生思想政治教育新形势

1. 互联网环境下大学生思想政治教育面临的机遇

互联网时代创新了高校思想政治教育的传播方式，更新了高校思想政治教育的内容，创新了思想政治教育者的教学思维，激发了高校思想政治教育主客体的创新能力，为高校思想政治教育带来了很大的机遇。

（1）创新了高校思想政治教育的传播方式

思想政治教育这一社会活动的发展总会受到一定的社会实践活动的影响，互联网的迅速发展必然要求思想政治教育能够紧密联系生活实际，契合社会动态发展水平，紧跟时代发展步伐。

一方面，互联网思想政治教育模式极大地改变了受教育者的学习、工作和生活方式，拓宽了思想政治教育的传播形式，使得受教育者用一种新的方式增长了见识，开阔了思维，许多大的论坛、网站以及虚拟课堂等平台都极大地改变了思想政治教育的传播方式，传播形式也有了极大的变化，增加了本身所承载的话语含量，使得思想政治教育内容的更新速度和信息量都有了很大的提升，同时也让马克思主义理论体系的传播更灵活、更便捷，成为提高思想政治教育水平的重要平台。

另一方面，新媒体技术的发展使思想政治教育活动摆脱了时间、地点、职业等现实因素的控制，突破了传统观念的限制，思想政治教育的教育者和受教育者可以通过各种搜索引擎获得海量信息资源，人人都可以在网络世界自由发展，同时与传统教育形成互补，以产生更好的教育效果。思想政治教育的教育者可以通过网络更新理论知识和丰富教育方式，随时了解人们的最新想法，受教育者可以主动汲取信息，提高信息检索效率，主动表达合理想法，并与教育者进行有效沟通，丰富了原有的思想政治教育传播方式，促进了思想政治教育话语权的提升。

（2）更新了高校思想政治教育的内容

马克思主义的唯物史观告诉我们，社会存在虽然决定着社会意识，但社会意识具有相对独立性，在一定时期内，思想政治教育的发展程度不能紧跟社会发展要求，本身的发展具有滞后性的特点。而在互联网时代，大学生对新鲜事物的敏感度较强，加之互联网平台的共享性和虚拟性，许多大学生能够利用互联网充分表达自己的观点和看法，可以准确地反映出受教育者在思想政治教育方面的不足之处，对教育者来说就可以有针对性地进行引导，从而提升思想政治教育的话语权。一方面，对教育者来说，可以迅速对症下药，另一方面也是合理规避思想政治教育发展滞后性的有效方式。人既是信息的生产者也是消费者，互联网时代为思想政治教育话语权提供了丰富的素材和资源，海量的信息资源也极大地节约了人力物力，方便快捷。互联网使得思想政治教育的内容更加充实，庞大的信息系统丰富了思想政治教育的内容，使得思想政治教育紧跟时代步伐，与时俱进。借助网络话语，思想政治教育有了很好的发展，受到更多网民的青睐，同时也为高校进行思想政治教育提供了源源不断的资源，思想政治教育话语权在互联网大环境中得到释放，打破了传统话语权被极少数人控制的局面，信息的传递和话语的交流变得公正平等，加之受教育者对新鲜事物的敏锐性的影响，使得高校大学生在接受信息的过程中更有主动性和选择性，同时也极大地提高了受教育者的主体地位。

（3）创新了思想政治教育者的教学思维

互联网时代的到来不仅为思想政治教师提供了丰富的教学资源，而且还开阔了他们的眼界，创新了他们的教学思维。教师可以利用网络信息技术实现线上线下结合的教学模式，高效利用碎片化时间，这样不仅打破了传统教学中存在的时空限制问题，而且还增强了师生之间的互动，吸引了学生的注意力，提高了课堂效率。教师也可以通过大数据技术了解学生的学习情况，制订符合学生兴趣的教学计划，做到因材施教，打造精准思政，贯彻落实立德树人的根本任务。

（4）激发了高校思想政治教育主客体的创新能力

一方面，由于互联网具有隐匿性，网络受众处于一个相对独立的世界里，那么主客体自身的独立意识可以得到很好的激发，极大程度地实现了言论自由。在拥有海量信息资源的互联网世界中，思想政治教育可以以多样化的方式进行传播，这样不仅可以激发思想政治教育主客体的想象力，而且受教育者能以更舒适的方式接受思想政治教育，更容易改变其思想认知。在进行思想政治教育的过程中，主客体充分发挥想象力、创造力，在交流的过程中不断碰撞出思维的火花，更进一步提升思想政治教育的话语权。

另一方面，在互联网时代背景下，网络已经成为人们现实生活中不可或缺的重要组成部分。在传统的教育背景下，通过书本、课堂以及教师口头传授的方式获取知识的途径具有明显的局限性，长此以往就造成了以教师权威为主导的课堂模式，学生的认知能力和创新思维难免受到限制。现如今思想政治教育话语的传播载体延伸到了手机、平板等多媒体互联网平台中，扩大了思想政治教育的发展空间，大学生可以通过 QQ、微信等平台发表自己的言论，极大地改变了人们的交流方式。另外，网络的虚拟性特点使得人们在隐匿身份的情况下激发自身思维的主动性，能更加真实直接地表达自己的想法。

2. 互联网环境下大学生思想政治教育面临的挑战

互联网时代为高校思想政治教育带来机遇的同时，也使其面临着巨大的挑战。

（1）多元信息涌入挑战传统思想政治教育的权威

互联网承载的信息量大、信息传播速度快。网络以超链接的方式将存储信息的容量无限放大，同时自媒体、社交媒体的广泛使用进一步加速了热点信息的传播速度。而传统的思想政治教育往往局限于课堂教学、电视、纸媒等范围，无法任意扩大和丰富承载的信息内容。在效率上，传统的思想政治教育所传递的信息都是经过遴选和加工的，将正面的、积极的内容传授给学生。而囿于信息体量和技术手段的限制，网络难以监管到每一个角落，学生很容易接触到鱼龙混杂、真假难辨的信息，这会导致大学生接受信息的速度和体量大于教师，思政教育者的信息优势已不复存在，学生对教师的观点不再深信不疑，会提出自己不同的看法。但同时，大学生自身价值观念的建立尚不牢固，极易受到外界不同声音的影响。大学生如果缺乏辨别能力，就会被错误的舆论导向所哄骗。

（2）网络的虚拟性导致高校思想政治教育危机

网络的发展改变着人们的生活方式，成为影响人们的世界观、人生观、价值观形成的新事物，且一次次向传统社会发出挑战。在网络世界中，人与人之间的交往方式具有虚拟性，这导致有些人生活在自己想象的空间里，如同沉迷游戏世界难以自拔的人，他们在游戏构造的虚拟世界中突破了现实的社会道德底线，任凭自己发泄、喧闹，认为自己拥有可以主宰一切的力量，从而忽视了实际生活，忽视了真实的世界，忽视了自己是社会中的人。如今，网络交往方式已然成为互联网时代的主流互动方式。高校争取思想政治教育话语权的过程其实就是获得人心的过程，与传统的面对面交往方式相比，有些人更愿意选择新的网络交往形式，因为互联网实现了"天涯若比邻"的美好愿景，此外还可以结交到很多"朋友"，拓宽资源获取渠道。在虚拟化的网络空间中，有些高校大学生突破了传统观念的限制，使得高校思想政治教育工作者难以用现实的准则去进行约束和引导，尤其是在出现重大社会舆论事件时，思想政治教育的滞后性难以及时、正确地引领网络舆论的走向。

随着计算机技术的不断发展，人工智能和多媒体技术水平在不断提高。人工智能可以迅速察觉用户的兴趣、爱好，并且自动过滤掉用户不感兴趣的信息，不断迎合用户喜好推送用户感兴趣的资源，这种情况的出现必然使得高校大学生一味重复接受单一信息，视野变窄，主动获取思想政治教育方面的时政新闻、会议公告等的意识被逐渐消磨掉，对主流意识形态的关注也会逐渐削减，从而导致当代大学生"信息茧房"危机的出现。高校大学生对新事物充满强烈的好奇心，但其自身的辨别能力较弱，极容易难分对错，对网络信息不加以辨别就随意吸收就会失去自身的独立性，价值判断和价值选择如果没有一个正确的引导，产生的思想问题就会更多。因此，为了打破"信息茧房"危机和"异化"效应，高校思想政治教育工作面临极大的挑战，互联网的虚拟性使得高校思想政治教育工作面临着很大的问题。

（3）高校传统思想政治教育表达方式不够灵活

互联网时代的发展使得传统思想政治教育受到了冲击，传统思想政治教育发展的滞后性与网络时代迅速发展之间出现了矛盾。长期以来，高校思想政治课多以理论解说的方式进行，偏于政治化、说教化，导致学生对于思想政治教育始终有距离感和陌生感，难以贴近学生的实际生活，无法调动学生的主动性，同时也遏制了思想政治教育的创新，而大学生作为国家发展的生力军，一旦失去主观能动性，对我国的意识形态工作会产生较大的影响。因此，为了满足现代化发展的需求，思想政治教育应不断进行创新，紧贴实际生活，汲取积极因素，进一步实现思想政治教育的创新发展。

（4）高校思想政治教育者参与互联网教学缺乏主动性

互联网时代，人们的生活方式发生了很大的改变，人们可以通过论坛、微博、微信等渠道与外界进行紧密联系。在这一背景下，互联网时代对思想政治教育有了新的要求，作为话语权主体的思想政治教育工作者更应该主动融入互联网，学习如何改变工作方式。然而有些高校教育者受多年思维定式的影响，不愿意主动接受互联网教育的新模式，加之思想政治教育工作者中不乏年纪较大的学者，其对于新媒体的各种技术难以做到熟练运用，从而间接影响了思想政治教育的时效性。

第二节　大学生思政课程的建设

一、大学生思想政治课程的性质

英国教育家斯宾塞说，课程是"跑道"；美国教育家杜威认为，课程是儿童本身的社会活动；德国教育学家瓦根舍因说，课程是范例……总之，课程是学习的主要途径。一门课程的本质是该课程不同于其他课程的实质属性。它关系着学科课程和课堂构建的方向。有学者曾指出，把握学科的本质是论证一切问题的枢纽。所以，厘清思想政治课程的本质和特征对课堂构建来说意义非凡。大学生思想政治课程以我国社会的物质文明、政治文明和精神文明建设为主要内容，引导学生将其与自身的生活建立密切联系，使学生了解辩证唯物主义与历史唯物主义的风貌，真正提高学生适应社会环境、履行社会职责、参加社会生活的能力，并为大学生的可持续发展打下牢固的思想政治素质基础。因此，大学生思想政治课程是一门以实现德育为最终目标的人文社科综合性通识课程，是心理素养、思考能力、文化常识和政治意识全面提升的有机统一体，并与其他文化课程紧密联系、不可分割。

大学阶段是学生树立正确"三观"的重要过程，在这一过程中大学生思想政治课程发挥着显著作用。学生通过学习思想政治课，可以逐步掌握各类理论知识，理解国家的各项政策。因此，作为对大学生进行德育的重要途径之一，思想政治课对于大学生思想道德素质的提升意义重大；作为落实立德树人根本任务的关键课程，办好思想政治课应立足于"世界百年未有之大变局"和"党和国家事业发展全局"，在把握高校思想政治课的课程性质的基础上，把思想政治课放在学校课程的突出位置。

二、大学生思想政治课程建设的理论来源

（一）马克思关于人的全面发展理论的论述

人的全面发展既指人的体力和智力的发展，同时也包括其他多种元素的发展，如才能、志趣和道德品质等。需要进一步指出的是，人的全面发展也是人的社会关系的发展，是人的社会交往的普遍性和人对社会关系的控制程度的发展。人的全面发展的含义十分丰富，既指个体的发展，同时也指在社会环境中的每一个人

的全面发展。人的发展应该是全面且自由的，在社会不断发展的过程中逐步实现个人的全面发展。

马克思在《资本论》中指出："联合起来的生产者——社会化的人，将合理地调节他们和自然之间的物质交换，在最适合于和最无愧于人类本性的条件下，靠消耗最小的力量来进行这种物质变换，从而把它置于他们的共同控制之下，而不让它作为盲目的力量来统治自己。"

马克思、恩格斯在《共产党宣言》中指出："代替那存在着阶级和阶级对立的资产阶级旧社会的，将是这样一个联合体，在那里，每个人的自由发展是一切人的自由发展的条件。"

马克思主义认为，每个个体自身的表现形式是各不相同的，而人的需要的发展又应该是首先考虑的。人在多方面需要的情况下进行发展，而人进行的物质生产活动也正是为了满足自身生存和发展的需要。人的需要在共产主义阶段将会极大地丰富和全面，这种需要既是条件，也是结果。

人的能力的全面发展是人的全面发展的又一个重要的表现形式，马克思认为，任何人的职责、使命、任务就是全面地发展自己的一切能力。恩格斯指出，"在未来社会一切生活必需品都将生产得很多，使每一个社会成员都能够完全自由地发展和发挥他的全部力量和才能"。人的能力是一个复杂的包涵体，这里既含有体力又含有智力，物质生产的能力和精神生产的能力也同样存在。

坚持人的全面发展思想与大学生思想政治教育具有内在一致性。两者都以实现人的全面发展为主要目标，对大学生进行思想政治教育就是要以一定的课程知识促进大学生的全面发展。坚持人的全面发展的思想是对学生进行思想政治教育的重要支撑，新时期大学生受到多元文化价值观的影响，其观念和思想方式也会不断变化。马克思关于人的全面发展理论是在实践中不断完善和提高的。在新的历史时期，应该基于大学生的身心发展特点，结合新的时代特征，做好思想政治课教学工作，做好学生的思想政治教育工作。马克思关于人的全面发展的理论和思想政治理论课教育工作在本质上有共同的价值追求。总之，以马克思关于人的全面发展的理论为基础，推进高校思想政治理论课教育工作创新发展是时代要求，更是思想政治理论课课程建设的要求。

（二）习近平关于新时期思政课建设以立德树人为根本任务的论述

高校思想政治课是高校进行育人工作的主要渠道，主渠道的价值观教育具有十分重要的意义，主渠道教育承担着立德树人的根本任务。思想政治课的创新要从思想性、理论性、亲和性和针对性等方面进行，习近平总书记提出的"八个相统一"（"政治性和学理性""价值性和知识性""建设性和批判性""理论性和实践性""统一性和多样性""主导性与主体性""灌输性与启发性""显性教育与隐性教育"）的要求为高校思想政治课在新时期的建设创新指出了发展方向和道路。

在全国宣传思想工作会议上，习近平总书记指出，宣传思想的工作就是做人的工作，在宣传思想工作上我们要做好信仰、信念、信心等方面的建设，我们要培育的是承担民族复兴大任的时代新人。

在全国高校思想政治工作会议上，习近平总书记指出，思政课教学要坚持做好教学手段更新，教学内容要不断根据现实的需要和学生的接受需要进行扩充与丰富，课堂教学要及时进行改进和加强，要做好思政课这个育人场所的建设，要做好思政课亲和性和针对性的建设，从而达到更好地服务于学生的目的。

在全国教育大会上，习近平总书记指出，教师在课程教学中发挥着重要的作用，教师在课堂教学中要通过灵活的教学手段和方法把立德树人的目标切实融入课堂教学环节，教师要在具体的学科教学体系上下功夫，同时也要加强教师个人的理想信念、品德修养，要通过多方面的努力让学生围绕课程目标学、教师围绕课程目标教。

在学校思想政治理论课教师座谈会上，习近平总书记从多方面、多角度围绕如何更好地开好思想政治课，如何进一步做好育人工作等一系列的问题，对今后思想政治课的发展提出了进一步的要求，分别是"办好思想政治理论课的意义""在办好思想政治课的过程中教师发挥了什么样的作用""如何做好党对思想政治课的领导"等。办好思想政治理论课，首先要落实我党对教育工作的重要指示，解决好培养什么人、怎样培养人、为谁培养人这个根本问题。

三、大学生思想政治课程建设的策略

（一）思想政治课程与社会发展相结合

科学的思想政治理论课程体系的设置是高校需要重点考虑的问题之一。只有科学地设置课程，才能贴近学生、贴近现实、贴近日常，与生活相关，受学生欢迎。针对性与科学性相结合这一原则是根据学习者的性格特点、社会需求和社会变化设置的教学原则，其兼顾了学习者由易到难、由浅入深的知识接受规则。高校设置系列课程的主要目标是使学生具备终身学习的能力和意识，使学生有分享快乐的欲望和良好的表达能力，有积极主动的探索精神和创新进取的思想，能够尊重他人，并能愉快地合作。由于学生在个人发展过程中的成长特点不同、不同年龄与成长阶段对课程的需求不同，所以，在课程安排上也要注意根据实际情况进行调整，根据时间和社会发展变化不断充实与改良课程结构。课堂学习与社会实践教学相结合的原则促使教师在课堂中努力做到教学理论与实际相结合，收到良好的教学效果。

（二）思想政治课程与专业课程相结合

大学生的思想认知水平需要在不断的学习中提高，科学合理的课程体系建设能有效提升大学生的思想认知水平。通识教育和思想政治理论教育两者能同时提高大学生的思想认知水平，二者同向发展、相辅相成。思想政治课堂鲜明的意识形态性是其区别于其他课程的本质。大学生思想认识水平的提升需要思想政治教育与通识教育同时作用，思想政治教育是教育者有计划、有目的地培养受教育者，使学生积极参与思想政治教育相关的教学实践活动。所以，高校思想政治教育课程要想形成体系就需要与专业课程相结合。

对比单一的课程体系教学，系列课程体系有显而易见的好处。系列课程采取多学科知识融合的方法进行教学，逐步实现课程主体从教师向学生的转变，更加符合现代化课程体系建设的要求，同时融合的知识更能激发学生的学习兴趣和教师的教学潜能，产生双赢的效果。现代课程的主要特点是跨学科知识的相互融合、融会贯通，局域富有特色的新型课程体系。各高校可以根据教育部下发的相关文件调整各自的课程体系，优化整合教学内容，在基本学科中加入心理学、法学、社会学等与思想政治理论课程有关的课堂讲义，使专业课程更具特色、内容更加丰富、理论依据更有力度，使课程内容更具有说服力和时效性。

（三）选修课与必修课相结合

国家一直很重视高校的思想政治理论课程体系的建设，教育部统一制定思想政治理论课程的大纲，各高校根据自身情况做出调整，课程大纲中的理论知识有很多，覆盖面很广，信息量大，教学任务繁重，但思想政治理论课程的教学课时却很有限，较难满足使学生有效学习思想政治理论的要求，很多学生在思想政治方面遇到的问题也难以得到有效的解决。

很多高校积极调整自己的教学计划，构建选修课和必修课相结合的课程体系，这种课程结构开拓了教师的教学空间，选修课程满足了学生获取知识多元化的需求，开拓了学生的课外知识视野，提升了学生的综合素质，这种方法已得到社会的认可。多元化选择方案、自主选修和规定必修构建的课程体系加强了教学的实践环节，拓展了教学的空间。专业学者认为，选修课与必修课两者必须相结合才能达到一加一大于二的目的，两者之间要有内在的联系，结合起来要达到某种强度，要以提高学生的综合素质水平为目标。但很多高校设置的选修课也因为一些客观因素，如由于师资力量不足、学习器材不充足等而不能做到因人设课，由专业研究论证的缺乏导致高校不能随意开设选修课，各类课程之间缺乏实际的内在联系。诸如此类的问题限制了选修课的开展。在实际的选修课与必修课相结合的过程中，理论知识信息的大量增加导致教学方法、教学思想不断改变。知识的不断淘汰和补充是需要重视的，但那些经过时间沉淀下来的历史思想文化、知识精华也是应该重视的。同时，在不同年级、处于不同年龄段的大学生对这些知识的接受程度也是需要重视的。例如，我国大部分高校都开设的思想政治教育必修课有"思想道德修养与法律基础""马克思主义基本原理概论""中国近代史纲要"及"毛泽东思想和中国特色社会主义理论体系概论"，还有一些高校会根据师资力量开设选修课，如"世界史前沿问题""中国史前沿问题"等。

第三节　大学生思政教育的内容、目标和途径

一、大学生思想政治教育的内容

（一）大学生思想政治教育的基本内容

大学生思想政治教育的基本内容包括社会的基本要求、做人的基本品质两个部分，它涉及生活的各个方面，贯穿一个人的一生，是大学生思想政治教育中最基本的内容，具有基础性、广泛性和持久性等特征，主要包括以下几方面的内容。

1. 以爱国主义为核心的政治道德教育

中国古代社会一直强调集体主义，统治阶级向来重视培育民众的爱国主义精神及其对社会、国家、民族的高度责任感，这体现在传统美德推崇的"大义""大节"里，这种爱国主义情怀展现着中华民族的凝聚力、向心力，是推动中华民族不断发展的不竭动力。因此，继承和弘扬爱国主义精神是加强传统美德教育的首要内容。

大学生是国家和民族的希望，是实现建设社会主义现代化强国目标的主要力量，他们爱国情感的强弱将直接关系到社会的进步和发展，关系到整个国家和民

族的前途和命运。因此，必须强化爱国主义教育，以增强他们的民族自豪感、自尊心、自信心和自强精神，增强他们的爱国热情和报国决心，使其在实现中华民族伟大复兴的进程中贡献力量。

2. 以"仁"为核心的道德规范教育

"仁"是中国传统社会道德体系中的重要内容，也是孔子思想的核心，儒家将"仁"视为为人处事的基本要求和最重要的道德规范，"仁"的主要内容是"爱人"。作为处理复杂社会关系的基本准则，"仁"的这种"爱人"情感不仅囊括个人的亲缘关系，更扩大到生活周遭的人际关系乃至整个社会和国家。"仁"是一种自觉的道德修养，是发挥作为德性主体的人的自觉意识，主动而不是被动地尽到自身的道德责任，从而过一种符合道德的生活。"仁"作为传统儒家极力推崇的道德规范和统治秩序的基础，对调解人与人之间的关系，人与社会、国家的关系都具有不可替代的作用，对中国后世社会的道德体系建设影响深远。

道德规范教育是帮助大学生学习如何正确处理个人利益与他人利益、个人利益与集体利益关系的行为准则的教育，并且在这些行为准则的指导下，将这些准则外化为实际行动和道德习惯。道德规范教育是一种养成教育，它的实质是教导一个人如何成为一个真正的"人"，如何安身立命，这是一种最基本的教育，只有在这一教育的基础上，才谈得上其他的教育。道德规范教育是政治教育、思想教育的起点，只有搞好基本的道德教育，才有可能培养具有正确政治思想、科学世界观的社会主义新人。正如儒家所倡导的"修身、齐家、治国、平天下"，只有自己具备了很高的道德修养，才谈得上报效国家、造福社会。

道德规范教育的基础地位是由道德规范的特点决定的。

第一，稳定性强。社会意识形态都具有相对稳定性，但道德比其他意识形态变化更慢，表现出更大的稳定性。经济关系和政治制度的变革固然使旧的道德失去了存在的客观现实依据，但由于旧道德已经在漫长的岁月中逐步演变为人们的传统习惯和风尚，而且这种传统习惯和风尚往往与人的信念、情感以及民族的社会心理结构整合在一起，因而具有更大的稳定性。

第二，渗透性强。道德规范是从现实利益关系的角度特别是现实生活中个人对待社会整体利益和其他个人利益态度的角度，去调节人们的各种社会关系的。也就是说，凡涉及现实利益关系特别是个人利益和他人利益、集体利益的关系的活动，都属于道德规范调节的范畴，因此道德规范涉及人们社会生活的各个领域，与人们的日常生活息息相关。

第三，自律性强。与法律规范不同，道德规范提倡"应当怎样""不应当怎样"，而不是"必须怎样""不准怎样"，它通过社会舆论、传统习惯和个人信念来维持，通过劝诫、说服、示范等方式起作用，而不是靠国家强制力来维持。

儒家提倡的"仁、义、礼、智、信"，被称为"五常"。中国传统伦理将道德视为人的本质属性，主张用道德来调节、维系人与人之间的关系，并提出以"仁、义、礼、智、信"来构建人类社会的基本秩序。"五常"成为贯穿整个古代社会的基本道德观念，千百年来影响着人们的修己养性、立身处世，并对中华民族的道德素质和道德精神的形成产生了巨大的推动作用。

（二）大学生思想政治教育的主导内容

1. 大学生"三观"教育

"三观"教育指的是世界观、人生观和价值观的教育。"三观"是制约人生行为和方向的三大精神因素，也可以说是人生的三大精神动力。大学生正处于世界观、人生观和价值观形成的关键时期，帮助他们树立崇高的理想信念和正确的世界观、人生观和价值观是高校思想政治教育的一项非常重要的内容。

（1）世界观教育

世界观作为关于世界的根本观点，是对认识世界和改造世界的根本看法。对世界观的广义理解占据了主导地位，相应地在"三观"关系上也形成了某种世界观的话语主导权。人生观、价值观处于附属的、依附的、被支配的、被决定的地位。"世界观决定人生观，有什么样的世界观就有什么样的人生观"一度成为公论。世界观是人对整个世界（自然、社会和人，客观世界和主观世界）及其发展规律的基本看法和根本观点，但当与人生观、价值观比较或并列出现时，世界观的"世界"就狭义地指向除人以外的外部世界。世界观的思想对象内在地包含了人生观和价值观的思想对象，其理性思维和观察、实验的科学方法也适用于人生观和价值观领域。因此，世界观是一定人生观和价值观形成的认识前提和思想理论方法的指导。只有这个问题解决好了，我们才能有待人处事的正确态度、观点和方法，才能建立正确的人生观和价值观。马克思主义的创始人以解放全人类、实现人的全面自由的发展为己任，并以此为核心建立科学的世界观。我们进行世界观教育就是要进行马克思主义世界观的教育，这其中包括辩证唯物主义教育、历史唯物主义教育和马克思主义认识论的教育。

（2）人生观教育

①大学生人生观的内涵。

引导新时代大学生树立正确的人生观是高校思想政治教育的重要内容，只有深入了解新时代人生观的科学内涵，才能够为研究新时代大学生人生观存在的问题提供理论基础，并寻找相应的对策。

习近平总书记指出："无数人生成功的事实表明，青年时代，选择吃苦也就选择了收获，选择奉献也就选择了高尚。青年时期多经历一点摔打、挫折、考验，有利于走好一生的路。"习近平总书记的话为我们研究大学生人生观的问题指明了方向，提供了方法。大学时代是大学生塑造系统的人生观的重要阶段，只有树立了正确的人生观，大学生才能选择正确的人生之路，树立乐于奉献、积极进取的人生态度，实现社会价值和自我价值。

所谓人生观就是对人生的观点和态度。人生观对人生问题的处理、人生道路的选择起引领作用。人生观的内容包括三个方面：人生目的、人生态度和人生价值。其中，人生目的是人生观的核心问题，对人生的发展起引领作用；人生态度表示以怎样的心态面对现实人生，实现人生目的；人生价值是人们心中的标尺，起着价值判断的作用。

第一，人生目的。人生目的回答的是"人活着是为了什么"的问题，指"人们在社会生活实践中关于活动或者行为的对象性的自觉认识，并表现为活动或者行为的自觉的对象性"。人在生存发展的过程中，由幼稚走向成熟，不断实现自我的完善与超越，最终实现个体的价值。这一实践的过程体现了人生目的的指向性。对于人生目的的不同选择体现了个体人生追求和人生目标的差异性，由此分离出不同的人生态度和人生价值。因此，人生目的对人生态度和人生价值具有决定作用。

第二，人生态度。人生态度回答的是"人应该怎样活着"的问题，是"人们通过生活实践形成的对人生问题的一种稳定的心理倾向和基本意愿"。人生态度包括人们对现实生活的观点、对人生所持有的理念、对人生际遇所做出的切实反应等。人生态度的形成既受到现实社会环境的影响，也受到个体心境等因素的影响，是一个复杂的心理过程。人生态度主要包括两种类型，即积极乐观的人生态度和消极悲观的人生态度。人的成长过程中不会是一帆风顺的，拥有积极乐观的人生态度的人在面对困难时能理性分析、客观对待；持有消极悲观的人生态度的人在面对挫折时就会消极应对，甚至伤害自己和他人。

第三，人生价值。人生价值回答的是"人生的意义是什么"的问题，是"人的生命及其实践活动对于社会和个人所具有的作用和意义"。为了更好地理解人生价值，需要从两个方面对其进行分析，即自我价值和社会价值。自我价值指个体存在的意义和个体需求的满足，社会价值指个体对社会需求的满足和对社会进步的贡献。个体的自我价值和社会价值是辩证统一的关系，自我价值和社会价值的关系也反映了人和社会的关系。一方面，个体的自我价值本质上是社会价值在个人身上的体现，个体的价值只有在社会当中才能得到体现和证明，通过个体对社会的作用才能得以实现。因此，离开了社会，个体的自我价值也就无从谈起。另一方面，社会的存在和发展以个体的存在和奋斗为前提，在个体追求个人价值的过程中，通过种种努力实现自我价值的同时，其社会价值也能够得以体现。

②新时代大学生人生观及其特点。

习近平总书记在党的十九大报告上正式宣告："经过长期努力，中国特色社会主义进入了新时代，这是我国发展新的历史方位。"习近平总书记对新时代的本质内涵做出了高度概括，他认为，新时代是继承前人事业、开辟未来道路的时代，是全面建设社会主义现代化强国的时代，是逐步缩减人民之间的贫富差距、迈向共同富裕的时代，是所有中华儿女团结一心向着中华民族伟大复兴梦奋进的时代，是我国综合国力日益增强，为全体人类做出更大贡献的时代。新时代是党中央在新的时间节点上，对我国发展所处的历史方位做出的重大政治论断，习近平总书记对新时代内涵的解读为进一步研究新时代大学生人生观提供了重要理论依据。

新时代的特点主要表现为三个方面：第一，新时代是物质文化和精神文化极大发展的美好时代。经过40多年的改革开放，我国取得了令人瞩目的历史性成就，物质文化和精神文化都得到了极大的发展。物质层面，我国的经济总量和质量稳步提高，人民生活质量得到了极大改善，居民收入水平大幅上升，社会保障体系逐步完善。精神层面，在优秀传统文化和先进社会主义文化的影响下，我国人民的精神文明面貌焕然一新。同时，博大精深的中华文化在世界范围内得到更加广泛的传播，我国的文化软实力显著增强。第二，新时代是建设社会主义现代化强国的关键时代。2020年，我国实现了全面建成小康社会的奋斗目标。全面建成小康社会既是全体中国人民共同努力奋斗的结果，也是开启全面建设社会主义现代化强国的新起点。我们要朝着人民共同富裕、人与自然和谐共生、物质文明与精神文明相协调、和平稳定发展的现代化稳步迈进，不断拓展发展中国家走向现代化的道路和途径。第三，新时代是面对多种风险的挑战时代。习近平总书记曾多次揭示了新时代所面临的多种风险，这些风险复杂多样，总体可分为内部风险和外部风险两个层面。内部风险层面，当前我国"能源安全、粮食安全、网络安全、生物安全、国防安全等风险压力不断增加"。外部风险层面，经济全球化背景下，金融危机和经济危机往往"牵一发而动全身"，地缘性政治斗争时有发生，恐怖主义、气候变暖、重大传染病等世界性挑战都是对国家安全的考验。

近年来，受世界百年未有之大变局的影响，外部环境更加复杂严峻。这种复杂多变的国内外形势给新时代大学生正确人生观的树立带来了诸多挑战。互联网技术的飞速发展使得网络上传播的信息真假难辨，人们辨别是非的难度有所提高。随着对外开放政策的不断深入，外界的诸多因素对处于人生观形成关键时期的大学生产生着深刻的影响。新时代大学生人生观对大学生人生道路的选择和人生规划起到重要的指导作用。大学生在成长成才的过程中只有积极应对各种风险挑战，树立正确的人生观，选择正确的人生道路，才能成为新一代有理想、有担当的社会主义事业合格建设者和可靠接班人。

新时代大学生人生观是指在新时代背景之下我国大学生形成的对人生的总观点和看法。新时代大学生的人生观具有时代性、多样性、实践性的特点。

第一，新时代大学生人生观具有时代性。人生观作为一种社会意识形态，必然会受到特定历史时代的影响，打上特定历史时代的烙印。不同的历史时代有不同的经济发展水平、社会历史条件和政治经济关系，人们对人生目的、人生态度、人生价值有不同的看法，形成的人生观也会存在差异。随着时代的发展进步，大学生对人生目的、人生态度、人生价值的认识逐步深化，也会不断调整自己的人生观。新时代大学生成长在改革开放已取得瞩目成就的时代，各种思想文化相互激荡，文化贸易中的价值观输入影响更加明显，多元利益诉求影响着大学生正确人生观的形成。

第二，新时代大学生人生观具有多样性。一方面，不同的人受地域特征、家庭背景、民族、思想观念、利益诉求、性情品格的影响，会形成不同的人生观；另一方面，同一个人也会形成不同层次和类型的人生观。拥有正确人生观的大学生，能够保持一往无前的勇气面对挫折；能够充分发挥自身的优势与智慧直面艰难险阻，不断超越自我、完善自我；能够坚定理想信念，在充满诱惑的时代中扛起时代的重托。而树立错误人生观的大学生，往往无法正确处理各种人生问题，对待困难采取消极逃避的态度，甚至会做出违背公序良俗、法律法规的错事，走向人生歧途。

第三，新时代大学生人生观具有实践性。实践是人生观形成的重要条件和现实基础。新时代大学生的人生观源于他们成长过程中的各种社会实践活动，社会生活环境、个人成长境遇都会对大学生的人生观产生影响。而人生观又服务于他们的具体实践，并会随着实践需要的变化而变化。大学生只有以正确的人生观为指引，掌握真才实学，立足社会实践，用正确的人生观引导自己的行为活动，才能够成为未来社会发展的领跑者，扛起时代发展的大旗，充分发挥他们在党和国家建设中的重要作用。

③大学生人生观教育的意义。

人生观教育对于新时代大学生塑造正确的人生观具有重要意义，能够指引大学生选择正确的人生之路，使大学生在面对困难挫折时始终保持乐观向上的心态，树立远大的人生目标，为社会主义现代化建设贡献力量。

第一，有利于大学生选择正确的人生道路。人生观指引个体行为活动的方向，影响个体人生道路的选择。科学的人生观能够为大学生人生道路的选择提供指南，对大学生未来的人生方向起重要的引导作用，可以防止大学生迷失方向，避免大学生误入歧途。

首先，大学生要树立远大的人生目标。人生目标作为人生观的重要内容，影响着个体人生道路的选择和未来人生的规划。新时代大学生虽然精神面貌整体较为蓬勃向上，但在人生目标的设立与选择上也存在着不自信、不明确的情况。因此，只有加强对新时代大学生的人生观教育，利用那些个人通过奋斗取得成功、先烈的革命斗争等典型案例激励大学生，才能使大学生更加珍惜如今来之不易的学习机会、矫正错误的人生观念，认真思考未来的职业规划、人生发展路径，树立崇高的人生目标，毕业后投身于实现中华民族伟大复兴的事业中去。

其次，大学生要努力成长为时代新人。高校要坚持立德树人、以文化人，培养能够担当民族复兴大任的时代新人。时代新人是具备坚定理想信念、高尚爱国情怀、崇高道德品质、强大知识本领、勇于奋斗精神和良好综合素质的新时代社会主义建设者和接班人。面对复杂多变的国际形势，加强对大学生人生观的教育，能够推进立德树人根本任务的落实，能够引导大学生"立大志，明大德，成大才，担大任"，肩负起自身的历史使命，坚定建设中国特色社会主义的信心，成为真正的时代新人。

最后，大学生要坚决抵制错误人生观的影响。正确的人生观是大学生的引路石，能够指引他们未来人生的前进方向，而错误的人生观则会对大学生产生消极影响，甚至会让他们误入歧途，做出损害社会和国家利益的错事。随着改革开放的深入和世界多极化、经济全球化的发展，多元化的价值观念开始广泛传播，一些错误思潮、不良价值观念等冲击着大学生的人生观。因此，加强新时代大学生人生观研究，分析错误的人生观带来的消极影响和严重后果，才能让大学生认识到正确人生观的重要性，自觉摒弃错误的人生观，利用好正确人生观这一精神武器，直面人生挑战，披荆斩棘，无畏风雨。

第二，有利于端正大学生的人生态度。人生态度是人生观的重要内容，一个人有什么样的人生观，就会有什么样的人生态度。反过来，人生态度也会影响一个人对人生的看法和为人处世的立场和观点。新时代大学生只有树立了正确的人生观，才能形成正确的人生态度，才能在未来的人生中游刃有余地应对各种风险和磨难，不忘初心，牢记使命。

首先，大学生要养成积极进取的人生态度。积极进取的人生态度能够让大学生热爱生活、珍视生命，在面对困难和挫折时始终秉持积极乐观、勇于进取的心态，不会因一时的失意而陷入颓废低迷。大学生的人生不可能一帆风顺，人在抵达成功的彼岸前总会经历风雨的打击和考验。只有保持积极进取的人生态度，才能够不畏艰难险阻，夺取胜利果实。因此，加强新时代大学生人生观研究，向大学生传递正能量，有利于大学生满怀希望地生活，不断努力奋斗、拼搏进取，克服各种艰难险阻、超越自我，开创人生新境界。

其次，大学生要养成求真务实的人生态度。求真务实的人生态度能够让大学生在面对人生中的各中困难与挑战、挫折与磨砺时保持理性平和的心态，始终坚持实事求是，将社会需求与个人的兴趣爱好、专业特长有机结合，从实际出发，在奉献社会中实现人生价值。做任何工作都要从自身的实际情况出发，我党之所以能够带领全国人民在中国特色社会主义这条康庄大道上稳步前行，取得全面建成小康社会的瞩目成就，就是因为始终坚持求真务实、真抓实干的精神。因此，加强新时代大学生人生观教育，引导大学生正确认识自我，从个人实际出发制订人生规划、选择人生道路，有利于帮助大学生脚踏实地学习专业知识，实事求是地应对人生问题。

第三，有利于大学生树立正确的人生价值观。人生价值观是对人生价值的根本问题的总的观点和看法，是"人们对人生目的和意义、个人与集体、个人与个人之间的关系进行认识和评价所持有的态度"。新时代大学生能否形成正确的人生价值观，直接影响着他们的价值判断和价值选择，关系到大学生的成长成才。因此，只有充分重视新时代大学生的人生观教育，才能够引导他们形成正确的人生价值观，在不懈奋斗中实现人生价值，升华人生境界。

首先，大学生要养成乐于奉献的人生价值观。乐于奉献的人生价值观能够指引大学生将个人命运与社会进步、民族振兴、国家富强紧密结合起来，自觉承担起时代责任和历史使命。乐于奉献既是中华民族的传统美德，也是高尚人格的具体体现。因此，加强大学生人生观教育，让大学生认识到奉献对于个体人生和国家发展的重要意义，有利于大学生养成工作中任劳任怨、生活中乐于助人的良好习惯，通过实际行动践行奉献精神。

其次，大学生要养成勇于担当的人生价值观。建设中国特色社会主义现代化强国，需要一批政治立场坚定、责任意识强烈、奉献精神突出的时代青年。中国梦是历史的、现实的，也是未来的。中华民族伟大复兴的中国梦终将在一代代青年的接力奋斗中变为现实。因此，加强对大学生的人生观教育，有利于引导大学生全面看待世界整体局势和中国发展特色，正确认识自身的时代责任，勇于承担历史使命，坚定建设中国特色社会主义的决心，在毕业后积极投身于中华民族伟大复兴的实践中。

（3）价值观教育

①价值与价值观。

明确价值与价值观的概念是研究新时代大学生价值观问题的切入点。

何谓价值？价值的概念最初与经济学紧密联系在一起，其被解释为凝结在商品中的无差别的人类劳动。随着学科的发展，经济学概念逐渐被运用到其他学科之中，价值的含义慢慢地延伸到经济领域之外的其他领域。在哲学层面上，价值是在实践基础上形成的主体和客体之间的一种意义关系，可理解为客体对于主体的作用、效用。

因此，价值可以被理解为主体按照自己的需要对客体属性进行抉择的关系。从价值的特征来看，价值关系的各个环节都是客观的，价值的大小取决于客观事物满足主体需要的程度、对主体意义的大小。而随着社会实践的快速发展，主体的需要也相应地发生了改变，价值大小的实现也时刻发生着变化。由此可见，价值是客观性、主体性、社会历史性的内在统一。

何谓价值观？价值观的产生以价值为基础，是人们对价值关系问题的立场、看法和观点。通俗地说，价值观是具有某种判断标准的心理倾向系统，是人们基于生存和发展的需要对客观事物价值的根本看法，是人们区分好坏、美丑、益损、对错及符合或者违背自己意愿等的观念系统。价值观包含着价值目标、价值取向、价值选择及价值评价等多方面的内容。价值目标是主体对自身未来发展进行的符合价值关系实际的想象，是主体未来发展的精神支柱，具有明确方向、激励自身发展的功能。价值取向是指主体对客体的属性和价值进行选择、评价的一种倾向性态度。坚持正确的价值取向是主体实现人生价值的关键之一。价值选择是价值主体按照价值取向的导向、立场和事实等，对一定的价值事实、观念和行为的自觉选择。它既是意识活动的基本内容，也是实践不断展开的基础和前提。价值评价是指主体根据一定的标准、按照自身的需要，对自身行为和客观事物有无价值以及价值大小做出的评价。从四者的关系来看，价值评价是价值目标、价值取向及价值选择的一个反映，价值评价本身受价值目标、价值取向及价值选择的影响，同时价值评价又反作用于价值目标的决定、价值取向的判断及价值选择的实践，对主体认识世界和改造世界的行为起着推动或阻碍的作用。不同的价值主体有着各自独立的价值目标、价值取向、价值选择和价值评价，换句话说，不同的价值主体具有不同的价值观，其对人们的行为具有重要的驱动、激励、引导和制约作用。

②大学生价值观的特征。

价值观属于社会意识形态的范畴，是人们关于价值本质的认识以及对人和事物的评价标准、评价原则和评价方法总的观点体系。大学生的价值观是大学生在实践中形成的对事物的价值综合的、稳定的、持续的看法和态度，并将这种看法和态度作为判断是非、对错、美丑的原则和标准，这种原则和标准对个人的行为取向具有统摄、导向、驱动的重要作用。在社会迅速变迁的时代背景下，当代大学生的价值观展现出多重矛盾性、多维波动性和可塑性等特征。

第一，多重矛盾性。矛盾是普遍的，万事万物都存在着矛盾，矛盾的正确化解推动着事物的前进。来自四面八方的个人构成大学生群体，大学生的成长环境、生活阅历、性格特征的不同，使得大学生既有群体的共性，又有各自的个性。不同环境下生长的个人对事物价值的看法必然有着自己的独特性。大学生群体作为一个具有独特性个体的聚合，其价值观存在着多重矛盾性。

首先，从个人层面来看，大学生的价值观存在着价值认知和价值选择的矛盾。价值认知是个体在实践活动的基础上形成的关于是非对错的总体性看法。大学生在形成价值认知的基础上做出价值选择，并在进一步的实践活动逐渐将其内化为自己的价值观。总体看来，价值认知是"知"，价值选择是"行"。大学生存在价值认知和价值选择之间的矛盾其实是大学生"知行"矛盾的一种表现形式。一方面，大学生是接受过长期教育的群体，在接受教育的过程中，大学生对正确的价值观有一定的了解；另一方面，大学生大部分时间生活在学校中，缺乏一定的社会实践活动，难以将自己的认知及时通过行动固化下来。游离于大学生思想表面的价值认知在面对大学生主体性意识不断提升以及新媒体各种思潮的冲击时，便会出现动摇。大学生中容易出现理想化价值追求与世俗化价值选择并存的矛盾现象。这表现为大学生认同集体主义原则与更加注重自我利益实现并存，感叹无私奉献的崇高与做选择时的功利性倾向并存，能够接受现实生活中道德规范对自我的约束作用与网络拟态环境中肆意宣泄、恶意攻击并存等。价值认知和价值选择的矛盾阻碍了大学生正确价值观的树立，使得大学生在精神层面处于矛盾纠结的复杂状态。

其次，从群体层面来看，不同群体的价值取向存在着矛盾。各种移动终端的出现使得人们在网络世界可以时时都处于"在场"的状态。大学生作为网络场域的主力军，每天都花费大量的时间在网络空间中获取信息、分享信息。一方面，网络世界扩展了大学生的价值视域，信息技术的发展使世界变成了"地球村"，大学生可以在网络场域结识各国各地甚至世界各地的朋友；另一方面，大学生在分享信息的过程中，通过信息分享和观察，不断结识志向相同的朋友，实现自己的群体归属。在群体归属的过程中，大学生以自身的兴趣爱好、价值取向等为基点形成不同的圈层群体，并通过特立独行的观点与交流符号和其他的圈层相隔离。这种心理上的认同与时空距离上的区隔并存的社交方式会导致社交圈子的固定化，长此以往，大学生社交的单一化和获得信息的同质化会导致大学生的价值取向固定化和极端化。不同圈层之间的相互排斥，不仅导致了不同圈层之间价值取向的冲突难以调和，而且导致了大学生群体之间的分化，难以形成共识，阻碍了主流价值观在大学生群体中的确立。

最后，从社会层面来看，存在着多元现状和一元要求的矛盾。如今的世界是一个开放的世界，网络联结着世界各个国家与地区，多种多样的文化在网络场域中传播、碰撞、交流。文化是意识形态的重要载体，多样的文化中蕴含着不同的意识形态、政治立场、价值取向。如何在多元文化思潮的冲击中凝聚大学生的价值共识，引导大学生树立正确的价值观，坚守社会主义核心价值观是当前的一个重要议题。

第二，多维波动性。价值观作为各种因素综合作用的结果，其本身就具有历史性，会随着时代的变化而变化。而对于大学生群体来说，价值观的多维波动性，除了体现为价值观本身内容的变化，更多地体现在大学生价值判断标准的复杂多变与价值取向的多变上。

大学的课堂教育较为分散，无法贯穿大学生的日常生活。大学生的价值判断标准和价值取向的复杂多变，对大学生正确价值观的树立提出了更大的挑战。课堂教育的成果很有可能因为大学生课下浏览的一条信息、关注的一位博主的意见便发生翻天覆地的变化。

第三，可塑性。大学生正处于价值观培育的"拔节育穗期"，大学生的价值观具有可塑性。

③加强大学生价值观教育的重要意义。

青年一代的理想信念、精神状态、综合素质是一个国家发展活力的重要体现，也是一个国家核心竞争力的重要体现。加强对大学生的价值观教育，对于提升他们的自身素质、促进国家的长治久安具有重要的现实意义。

第一，有利于新时代大学生健康成长。大学生价值观规定着大学生的思维方式和行为方式，对大学生正确认识各种客观事物、正确评价各种社会现象，进而保证人生道路方向的正确性具有重要作用。因此，加强大学生价值观教育有利于大学生健康成长。

首先表现在有利于新时代大学生塑造健全人格。健全人格即健康人格，是大学生心理健康的重要衡量标准之一。是否具有科学的价值观是判断人格健全与否的重要标准。新时代大学生的价值观总体上是积极健康的，但仍有部分大学生的价值观处于一种波动和不稳定的状态，致使他们出现责任意识淡薄和理想信念模糊等问题，对大学生个体的健全人格的形成产生负效应。价值观教育是大学生成长成才的指路明灯，是塑造大学生健全人格的核心路径。加强大学生价值观教育，有利于帮助大学生破除头脑中模糊、错误的思想意识，从而为大学生形成健全人格打下良好、扎实的思想基础。

其次表现在有利于新时代大学生实现人生价值。引导大学生正确认识人生价值及其相关问题是大学生价值观教育的核心内容。人的社会性决定了人的社会价值。评判人生价值既不以掌握知识的多寡为标准，也不以拥有财富的多少为标准，而以对社会贡献的多少为标准。特别是在新时代，蕴含人生价值分析的价值观教育能够引导大学生坚定理想信念、强化责任担当、践行无私奉献精神，更好地把小我融入大我之中，与人民同呼吸、与时代共进步，实现自我价值与社会价值的有机统一。

第二，有利于高校实现立德树人的根本任务。国无德不兴，人无德不立。高校要坚持社会主义办学方向，落实立德树人的根本任务。就高校的根本任务和价值观教育二者的关系来看，前者是后者有序进行的重要指向，后者应紧紧围绕前者展开具体工作。

首先，立德树人是价值观教育的根本要求。高校要把立德树人的成效作为检验学校一切工作的根本标准。对于高校价值观教育而言，价值观教育内容的选择、教育成效评判的标准均应围绕立德树人的根本任务展开。社会发展转型和改革深化过程中，社会矛盾与利益冲突日益明显，造成部分大学生的价值观出现一些问题，如理想信念不坚定、集体主义观念缺失等，这向高校实现立德树人的根本任务提出了严峻的挑战。面对挑战，高校价值观教育应以马克思主义理论教育、传统文化教育以及"四史"教育为着力点，将理想信念教育、爱国主义教育等融入价值观教育的全过程，不断培养出拥有强大精神力量、坚定民族品格的时代新人，实现立德树人的根本要求。

其次，价值观教育是实现立德树人的中心环节。高等教育培养出来的人应当是德智体美劳全面发展的人，价值观教育不仅有助于大学生树立正确的价值目标、价值取向，进行理性的价值选择、价值评价，更为大学生最终成为一个真正全面发展的"人"提供了最大可能。只有将价值观教育融入课堂教学、学生课外活动、校园环境的方方面面，使他们拥有崇高的社会理想和现实的社会责任感，才能激励他们在日常生活学习中践行社会主义核心价值观，从而培养出"明大德，守公德，严私德"的新时代建设者和接班人，促进高校实现立德树人的根本任务。

2. 大学生生命观教育

（1）生命的阐释

哲学家、哲学史家冯契在其主编的《哲学大辞典》中提到：生命是基于蛋白质和核酸得以形成的复合体系，这是一种常见的、高级的、特殊的、复杂化的运动形式。在宇宙发展变化的过程中，生命不断地进行自我生长与繁衍进化。生命从开始就要与生命体以及非生命体进行一系列的能量交换，自身也要进行新陈代谢，直到生命的结束。从生命的生物学特性可以看出，生命不是永恒的，靠繁衍后代保留遗传物质实现生命的接力。

从生命哲学的角度来看，生命属于世界本原，始终处于动态发展中。生命需要依赖直觉或体验进行把握，仅凭感觉或逻辑思维无法得知生命的全貌。这种观点更多地趋向于生命的非理性因素，认为生命具有创造性与运动的特性，并不能用单纯的理性观点进行把握。

人基于自然生命得以存在，在生活中其价值观会逐渐成形，通过人生规划制订、人生追求落实，有机会达到自我超越的境界。人类能够通过自我反省、自我认知去持续健全精神生命，通过创造性活动对自身的生存状态进行思考，对生活和人生有更多感悟，以自身价值期待为导向而不断前行。简而言之，人生意义为人类精神生命形态奠定了基础，一方面有助于个体生命存在空间的拓展，另一方面为解读生命活动写下了脚注。

历史唯物主义提出，人的价值包含两个方面，一方面是个体对社会的责任与贡献，另一方面是社会对个体的尊重与满足。生命的存在是一种价值性存在，人只有基于自身意志和梦想去掌握和调整人生的发展方向，才能将有限的生命融入无限的世界中，赋予生命更多内涵。从本质视角来看，人的价值生命和精神生命是相互依存、互联互通的，价值生命是人追求精神生命的更高形式。与此同时，通过分析生命的内涵能够发现，生命拥有有限性、独特性和超越性等特点。

第一，生命的有限性。生命的长度是有限的，是无法逆转的。纵观历史长河，人的一生犹如流星转瞬即逝；所有人的生命都只有一次，且无法重来。正如法国作家、思想家罗曼·罗兰所说，"人生不出售来回票，一旦动身，决不返回"。人的一生中会遇到各种选择，一旦确定，无法重新来过。随着时光流逝，个体生命和时间一去不复返，所有人在有限的生命里走着不可逆的道路，而且走出的每一步都意义重大。

第二，生命的独特性。每个生命都是宇宙中的独特存在，人的遗传素质具有差异性，这一特点能够通过个体性格、器官功能、身形体态等得以呈现。先天存在的遗传差异难以通过后天进行弥补，个体拥有天生的独特个性。同时，个体特质性是先天和后天共同作用的成果。

第三，生命的超越性。创造性是生命的基本特点，是新形态之所以不断涌现的关键。价值虽然是由个体生命体现的，但又超越了个体生命，它出现于一种内在性和独立性的相互作用之中。虽然生命的长度有限，不过其思想和宽度无限，我们能够在有限的生命中去创造无限的生命价值，这就是生命的超越性的体现。

（2）大学生生命教育的含义

学界主要从生命和教育实践这两个角度对大学生生命教育的概念进行阐释。从个体生命的整体性发展角度出发，认为生命教育主要是培养学生的生命意识，引导学生敬畏生命，尊重生命，热爱生命，欣赏生命之美好。从教育实践角度出发，有学者强调教育的生命关怀。大学生生命教育的教育对象是大学生，它是一种旨在培养大学生生命意识的教育实践活动。

大学生生命教育由教育主体、客体、目标和内容等方面组成。教育主体主导着整个生命教育的过程，承担着对大学生进行教育、引导和管理的重任。就大学生生命教育而言，教育主体在广义上主要是指高校辅导员、思想政治教师等其他承担相关生命价值引领的个人和组织。教育客体是生命教育的主要对象，大学生生命教育的教育客体是高校大学生。大学生接触的信息复杂多样，非常容易受到各种价值观念的影响，从而形成不同的人生价值观。此外，大学生较少与社会接触，生活方式相对来说是比较简单的，生活经验也比较少，对于如何平衡学业与家庭、工作与爱情、理想与现实，他们中有些人会表现得手足无措。因此，加强新时代大学生生命教育，引导大学生正确看待生命和生活是十分必要的。教育目标是教育实践活动的指针，是教育活动最终想要取得的结果。大学生生命教育的基本目标是遵循大学生生命发展的客观规律，通过多种教育手段引导大学生树立健康的生命观，还要引导大学生将生命观外化于行，在行动中实现自己的生命价值。

人的生命是多层次的，生命教育的内容也是多样化的。大学生生命教育不仅要引导学生认识到生命的有限与唯一，又要使其认识到生命之间的相互联系；既要教导学生认识生命的价值，又要引导其尊重自然界的其他生命，善待一切生命。大学生生命教育的内容十分宽泛，在实际的教育活动中，要抓住主要矛盾和主要方面，从最紧迫的问题入手，引导大学生正确对待生命。

综上所述，大学生生命教育指教育者以大学生为对象，从大学生群体生命发展规律出发，以生命本质为依据，通过对大学生有计划、有组织地施加影响，提高大学生对生命自然属性、社会属性和价值属性的认知水平，使大学生能够正确处理各种生命关系，以积极的态度面对生命的社会实践活动。

（3）大学生生命教育的特点

第一，其教育主体具有特殊性。大学生生命教育活动中的参与主体是教育者和受教育者，大学生作为最富有朝气的青年群体无论从生理上还是从心理上都处于一个趋于稳定的时期。该时期其独立能力逐渐强化，身心出现显著改变，同时存在特有矛盾，其中包括生理发育与心理发育的成熟度不相匹配。有一些大学生被父母保护得太好，生理发育成熟但心理发育相对滞后；也有一些大学生在情绪控制方面不太稳定，容易出现极端的情绪；还有一些大学生步入高校后，为了适应丰富多彩的大学生活，在认知方面与价值观方面会有一定的改变，容易受到不良价值观的影响。以上种种矛盾体现了大学生群体的特殊性。以此为背景，在开展大学生生命教育时应尊重其生命特征，从生命价值观教育、生命意识教育、心理健康教育等方面入手，注重生命教育针对性的提升。大学生生命教育在培养大学生生命价值观方面作用显著，大学生能够因此实现对生命真谛的了解，知悉其重要性，进而做到珍惜生命。

第二，其教育环境具有特殊性。从客观视角来看，大学校园环境与中小学大不相同，可以从学习环境和生活环境两个方面进行分析。大学课堂相较于中小学的课堂，学习时间相对自由，大部分时间是自主学习或者小组学习。由于大学生课业也比较重，不能适应大学学习模式的学生很容易产生心理健康问题。大学生进入大学后，生活环境也有一定的改变，生活上脱离父母更加独立，校园生活与社会生活联系得更紧密，同时也会接触到更多不同的人，情感问题、消费主义等也会对大学生的生命价值观造成一定的影响。大学生学习环境与生活环境的特殊性也要求高校对大学生进行生命教育，实现培养拥有坚定信仰、健康价值观、热爱生命、积极向上的有志青年的教育目标。

第三，其教育手段具有特殊性。大学生在知识内涵、思维方式、人格特质等方面处于持续发展状态，一方面需要接受理论教育，另一方面则需要注重情感实践。受这一要求所限，大学生生命教育仅凭课堂理论学习难以促进其教育目标的实现。高校在举办生命教育活动时应注重以下两点。一方面，在课堂教育过程中加强对生命教育的了解和渗透，在开设生命教育专项课堂的同时，也要将生命教育的理论渗透进其他学科。高校应培养除思想政治课教师之外的其他教师如各任课教师以及行政管理教辅人员的生命教育能力，从多方面对大学生群体进行生命教育。另一方面，生命实践活动也是高校生命教育的重要手段，通过危险情况模拟逃生活动、救助流浪动物活动、情感情景式体验活动以及分组心理健康咨询等活动，激发大学生参与生命教育的积极性，继而促进理想教育成果的形成。当然，网络媒体传播、一对一访谈等方式都是大学生生命教育的重要手段。

（4）大学生生命教育的目标

大学生生命教育的首要目标是引导大学生重视生命的存在，真正理解生命，懂得生命的价值。在与新时代交会的重要节点，高校需要将生命教育视为重点，以此促进思想政治教育目标的实现。高校应重视大学生正确价值观的引领，从外在层面来看，高校应做好平台构建及统筹工作，为大学生生命教育提供有力支撑；从内在层面来看，高校应深入学生内心，通过教师对学生的思想行为状态进行监测，促使大学生拥有珍惜生命的意识，做好生命保护。

第一，优化大学生生命的质量。生命的最大价值在于自我的实现。随着社会的发展，国家将加强大学生生命教育质量建设作为教育战略主体。生命教育质量主要分为以下三个方面：个体生命的自然素质质量、心理素质质量和社会素质质量。持续优化大学生的生命质量是生命教育的重中之重。

第二，教育大学生实现生命价值，为中国特色社会主义现代化建设积淀力量。大学生生命价值的实现与社会的发展息息相关，2020年我国全面建成小康社会，这为新时代大学生生命价值的实现提供了更大的平台。大学生要立足于中国现代化建设实践，制定宏伟目标、坚定理想信念，保证自身的全面发展，进而创造更大的价值。实现生命价值是大学生生命教育的目的，也是每个人的人生追求。从国家层面来看，引导大学生实现生命价值能为国家长久发展积蓄人才；从个人层面来看，大学生生命价值的实现也是个体自我完善、全面发展的保障。

（5）大学生生命教育的内容

生命是人生存和发展的物质基础，它不仅是一种存在，还是实现发展和超越的重要载体。大学生生命教育的内容集中在以下三方面。

第一，生死观教育。大学生生命教育应以如何正确看待生死问题为首要内容，生死观教育是生命教育的基点，能帮助大学生树立正确的生死观，教导大学生认识到生命的有限性，明白生与死之间的奥义，指引其了解生与死是一对辩证统一又矛盾的关系，使大学生在对死亡的理解中正视生死的问题，借此让他们体会到生命的宝贵，引导其学会尊重生命。当代大学生应树立向死而生的人生态度，以此告诫自己要更加珍惜当下所拥有的生活，从而更加富有智慧地计划自己的人生，努力于当下，为获得真正的生命价值与意义不断奋斗。

第二，价值观教育。在引导大学生树立正确生死观的基础上，要对大学生进行价值观教育。市场经济的快速发展和科学技术的突飞猛进使大学生的价值取向、价值判断标准受到较大的冲击，出现了价值观偏离的现象。所以，对大学生进行生命教育应以价值观教育为核心内容，重点强调创造个体生命价值的意义，即以追求怎样的精神境界来指引自身的发展道路，并在此进程中实现自己的价值。价值观教育应引导大学生树立科学的人生理想，使其以正确的价值观制订可行的人生规划，并鼓励其在发展自我的同时兼顾他人以及社会发展的需求，引导大学生在满足自我需求的同时注重他人和社会的利益，以社会利益为重，不因个人利益而去损害他人、社会的利益，并对他人以和社会产生积极的影响，从而实现提升自我生命价值的追求。

第三，责任感教育。当今世界，各种思想文化交流交融交锋日渐频繁激烈，大学生在受到外来文化的影响时，难免会出现一些误解和偏差，致使部分大学生出现片面理解、盲目跟从等现象。大学生生命教育应以责任意识培养为目标，将责任由小到大划分为自我责任、他人责任、社会责任和国家责任。大学生生命教育应帮助大学生学会正确分析和判断自己的所作所为，并对自己负责。由此推及他人、国家乃至社会的兴盛，在这一过程中不断培养大学生的使命感和责任感，使其担负起历史重任，造福社会，奉献国家，从而真正体悟人生的意义，实现齐家、治国、平天下的理想目标。

（6）大学生生命教育的意义

大学生生命教育不仅是推动大学生生命高质量发展的重要手段，而且有利于促进高校教育回归生命本质，还能为社会提供全面发展的人才。

①引导大学生树立正确的生命观。

习近平总书记指出，青年时期是一个人一生中的关键时期，在这个关键时期要形成正确的生命观。大学生并非无忧无虑的，而是面临着多种心理压力，承担着自己及家人的期待，在成长的过程中面临许多生命困惑。由于大学生自身价值观念的不成熟，在面对新事物和新思想时不能有效辨别，很容易受到消极价值观念的影响，不能正确认识生命，容易产生生命困惑。开展大学生生命教育，有利于大学生切实感受到自己生命的宝贵，明白自己的生命是无价的，引导大学生善待自己的生命、珍惜自己的生命；有利于引导大学生正确认识生命的价值，减少因自我意识过于强烈、生命意识薄弱而导致的极端负面事件，使他们在面对人生困境时不再动辄放弃美好的生命，能够勇于面对自我，重新审视和思考自己的生命价值，以积极向上、奋发进取的态度来面对人生，在奋斗中追求自我生命价值的实现；有利于大学生树立科学的人生理想，引导大学生在生命发展的过程中不断追求自己的人生目标，继而更好地发展自己。

新时代大学生生命教育能够为大学生的成长成才保驾护航，有助于引导大学生树立积极健康的生命观，为大学生提供足够的勇气去应对学习、工作和生活中的挫折，使他们坚定地为实现自己的生命理想而奋斗。

②促进大学教育回归生命本质。

大学阶段是人生道路的重要转折点，大学教育就是要引导大学生抓住生命成长的机遇，奠定大学生走向社会的基础。一个人所受的教育能够激发他的潜能，强化他的创造性思维能力，能够使个体更好地融入整体。大学教育本是基于人生命的需要，引导大学生形成积极的生命态度，发挥大学生的生命才能，促进个体生命完善的教育活动。然而，在工具理性的作用下，部分高校已无暇顾及教育的精神意蕴，而是将知识与技能作为衡量教育效果的有效标准，阻碍了大学生生命发展的其他可能性。

教育必须关注人的生命，大学生生命教育为促进教育回归生命本质、关注生命提供了着力点。大学生教育不只是教育大学生学会谋生，而且应站在生命的角度去发展教育，教育大学生发挥生命的潜能，发现生命的内在意义。新时代大学生生命教育不能以整齐划一的标准来培养学生，而应尊重个体生命之间的差异，承认每个大学生的独特性，唤醒个体的生命意识，启迪个体的生命精神世界，使大学教育回归生命的本质。

③培育新时代社会建设人才。

大学生生命教育有利于为社会发展培育人才。新时代大学生生命观是决定我们党、国家和民族未来发展质量的重要因素。大学生拥有健康的生命观才能真正投身中国特色社会主义现代化建设中去。世界正处于"百年未有之大变局"，在这个历史方位和时代背景下，中国梦的实现存在不可预知的风险和挑战，还有很多问题需要解决，需要大学生充分发挥生命的活力和潜能。人才的国际化竞争对大学生生命发展提出新的要求，需要大学生保持生命的激情与活力，不懈奋斗；需要大学生释放自己的生命热情，与全社会人民为实现中华民族的伟大复兴这一历史使命一起奋斗；需要大学生树立远大的人生理想，成为助力中国发展的人才。

3. 大学生心理健康教育

（1）心理健康的概念

不同时期、不同地区、不同人文和社会环境下，关于心理健康有不同的界定。美国心理学家阿瑟·S.雷伯在其所著的《心理学词典》中将"心理健康"划分在"医学心理学"的归类下，具体定义是"心理健康是个体的心理状态保持正常或良好水平，且自我内部以及自我与环境之间保持和谐一致的良好状态"。在社会中生存和发展不仅需要有良好的生理健康条件，还需要具备能维持心理健康的原则和措施。世界卫生组织认为，达到健康的状态是指社会个体在生理、心理等方面保持的最佳状态，并将心理健康界定为个体的生理、心理获得调和，能够有效适应社会环境，具有幸福感，能够主动参与社会工作生活，并实现自我的价值，能够有效率地生活。

美国著名心理学家坎布斯认为，心理健康的特质是有积极的自我追求、能够尊重并认同他人、接受环境与现实、丰富主观经验。美国心理学家卡尔·罗杰斯认为心理健康的特点包括自我认同、吸收与同化经验、体验自我价值、协同度强、乐于分享经验、关怀他人。在心理健康的标准上，20世纪50年代以美国心理学家马斯洛、罗杰斯为代表人物的认知主义心理学者认为，心理健康是一种"内心世界极其丰富、精神生活无比充实、潜能得以充分发挥、人生价值能够完全体现"的状态。马斯洛关于心理健康的定义堪称精英思路的典型代表，即只有自我实现者才可以达到心理健康状态。上述学者主要围绕自我认同、人际社交、社会规范、个人价值实现等提出具体的心理健康标准。

我国学者评判心理健康标准的主要因素包括智力、情绪、自我评价、人格、意志、年龄等。大学生的心理健康状态具有发展性、不稳定性和灵活性的特点。不同阶段、不同年龄的大学生所表现出来的心理状态也不同。大学生成长过程中所遇到的困难和挫折在一定程度上会影响其心理状态，容易使他们产生心理困惑和不适感，甚至产生心理问题。这一般因事因人而异。大学生在心理上出现不健康的状态将会直接影响其正常的学习和生活，甚至阻碍个体的发展和进步。

（2）大学生心理健康教育的理论依据

①马克思关于人的全面发展的理论。

马克思关于人的全面发展理论的诞生丰富了历史唯物主义思想的内涵。人的全面发展理论贯穿于人的能力与意识的形成和发展的全过程，人的全面发展实际上是全面发展其才能。全面发展人的才能不仅指道德、智力、情操和体力等方面得以发展，更强调人的一切才能——能力、素质和个性获得自由、全面的发展，促进人在社会当中实现社会活动、服务、职业生涯等方面的发展，成就完整的自我。马克思、恩格斯在《德意志意识形态》中明确指出，"个人只有在社会中并通过社会来获得他们自己的发展"。人的全面发展的表现形式可以归纳为人的体力和智力的全面发展、人的社会关系的全面发展、人的需求的全面发展、个体与社会统一的全面发展。人与社会环境是紧密联系着的，既相互依存，又相互制约。人的发展是在社会关系中实现的。由于一切个人都是生活于一定历史阶段的一定物质生活关系中，因而人的本质就不是单个所固有的抽象物，而是一定社会经济形式之下的各种社会关系的综合。人在一定的社会环境中才能存在并创造价值。所以，把单个的人放在一定的社会环境中才能发掘人的存在意义和价值。这里所说的社会环境包括不同的社会关系，可能是正面的、积极的、阳光的，也可能是负面的、消极的、堕落的。这些社会关系是人的发展的决定性因素。大学生处于心理成长和人格塑造的关键时期，其所处的校园环境中的人际关系直接决定了其未来的发展趋势。把握人的本质是理解马克思关于人的全面发展理论的前提，马克思认为，"人以一种全面的方式，也就是说，作为一个完整的人，占有自己的全面的体质"。人是发展的主体，对于高校而言，充分掌握大学生的本质、特征和需求是至关重要的。大学生心理健康教育应指导学生正确地认识自身的优缺点，把握大学这一关键时期，通过参加实践发现自我潜能，注重思想、人格、心理、情感、实践技能以及专业能力等多方面的提升。马克思关于人的全面发展理论为大学生心理健康教育研究提供了坚定的理论基础，大学生心理健康教育应自觉运用马克思关于人的全面发展理论，以坚定心理健康教育工作的指导方向。

②马斯洛需求层次理论。

马斯洛在其著作《动机与人格》中阐述了需求层次理论，主要包含人的生理需求、安全需求、情感需求、爱的需求和自我实现的需求。这五层需求是按人的需求由低到高依次排序的，所谓"由低到高"是指人的需求从生理需求开始逐步逐级被满足，低需求层次未得到满足时，后面的需求是无法得以满足的。自我实现是一个人已经满足生理、安全、情感、爱的需求之上的高水准发展状态。马斯洛认为，"自我实现可以归入人对于自我发挥和完成欲望，也就是一种使他的潜力得以实现的倾向"。此理论强调了人的需求在人的发展和成长过程中的关键性和决定性作用。而且马斯洛的需求层次理论中的五个层次是有关联的，是依次支撑的，这遵循了人的发展规律。这五层需求经常以金字塔的形式出现。底层是安全需求，分布面积大而扎实，也意味着可以得以满足的人有很多。生理需求得以满足后，安全、情感、爱和自我实现的需求越往上走越难以满足，自我实现的满足比例可以用"寥寥无几"来形容。能达到自我实现层次的人经常被当作榜样和学习力量来描述和宣传。五个层次的关系是相互重合的关系，是彼此启迪、相互成就的关系。

马斯洛需求层次理论为大学生心理健康教育提供了一个系统的理论支撑，它启示我们在大学生心理健康教育工作中应坚持"以生为本"，注重学生的情感体验，尊重学生成长过程中不同层次的需求，激发学生的主观能动性，在充满关爱和尊重的人文环境中进行情感互动和思想交流；遵循学生的成长规律，构建平等、民主、和谐的校园环境，让学生获得充分的安全感；建立"师生互动、家校互联、学友互学"的多方联动、协调配合的和谐环境，让学生得到心理和思想上的成长；培养学生养成自我调节和自我教育的能力，激发学生的潜能，通过思想提升和健康人格塑造助力学生自我实现。

二、大学生思想政治教育的目标

（一）保证高等教育发展方向的正确性

作为社会主义性质的国家，我国高等学校的主体是公办高校，实行的领导体制是党委领导下的校长负责制。高校要坚持党的全面领导，其办学方向就必然要与党引领的方向保持高度一致。我国高校与西方高校的一个显著差别就是，马克思主义是我们立党立国的根本指导思想，也是我国高校最鲜亮的底色。社会主义高校必然要坚持社会主义办学方向，必须培养党和政府需要的又红又专、德才兼备的人才。

高校担负着为祖国培养人才的重大使命，需要满足党和政府对科学技术成果和卓越创新人才的渴求，对高等教育进步的迫切要求。顺利完成党和政府赋予的使命的基础与前提就是利用一切资源提高高校思想政治教育的水平，只有充分发挥高校思想政治教育的实效性，不使其流于形式，流于表面，才能引领教书育人的正确政治导向，才能使我国的高等教育科学稳步地前进，最终迈向世界一流行列。

（二）培养社会主义事业建设者和接班人

我国高校要贯彻落实立德树人的根本任务，培养德智体美劳全面发展的社会主义建设者和接班人，为社会主义事业培养源源不断的后继力量，就需要高校思想政治教育发挥凝聚人心、促人向善的作用，引领学生树立正确的政治思想，培育学生树立正确的"三观"。

三、大学生思想政治教育的途径

（一）思政课程

思政课程，是高校进行思想政治教育的系统课程。在中共中央宣传部、教育部发布的《中共中央宣传部教育部关于进一步加强和改进高等学校思想政治理论课的意见》实施方案（即"05方案"）中有以下规定：以本科生为例，必修课程设置为4+1，包含4门必修课和1门选修课，另外开设"当代世界经济与政治"等选修课。思政课程在高校思想政治教育中有着特殊定位和功能，是大学生思想政治教育的主渠道。思政课程作为成体系的一系列课程，是高校实现立德树人总目标的基础，是充分有效教授、传播马克思主义理论以及党和政府的政治主张、大计方针的主阵地，是培育学生形成正确的世界观、人生观、价值观的主渠道，是将贴近实际、贴近生活、贴近学生的前沿理论成果转化成课堂教学内容的根本途径。思政课程具有很高的学术价值与实用意义，进一步推进学术价值与实用意义的有机融合是思政课程改革创新的发展方向。

（二）课程思政

课程思政这个概念提出得比较晚，但它却一直存在于高校教育教学的实践之中。在专业课的教学中融入主流价值观、促进学生健康成长是师者的责任，但由于缺乏相应的评价标准与制度体系，所以长期以来高校思想政治教育在某种程度上存在"孤岛"困境，思政教育与专业教学"两张皮"现象未能根本改变。为了打破"孤岛效应"，对思政课程进行有益的补充，将教书育人贯穿到学生成长成才的全过程，建立完备系统的课程思政教育体系显得尤为重要。课程思政作为一种教育体系，应主动探求和充分利用各类专业技术课程及综合素养课程的思想政治元素，赋予课程在思想政治层面的育人功能以及育人价值，使专业技术课程、综合素养课程与思政课程朝着立德树人的总目标同向同行，起到协同育人、以文化人的作用。

（三）谈心谈话

高校思想政治教育中最主要的工作是在立德树人总目标的引领下使学生既拥有专业技能，又拥有正确的思想观念，能够为中华民族的伟大复兴而奋斗。除了通过思政课程和课程思政等课堂手段，在课堂之外也有很多掌握学生的思想状况并及时给予帮助与引导的手段，谈心谈话就是其中一个。谈心谈话指思想政治教育者准确地掌握学生的思想动态，并在其存在思想波动时或处于入党、就业等关键节点时及时介入，与学生进行推心置腹的交流，让学生敞开心扉，为学生排忧解难，给学生指点迷津。在高校思想政治教育实践中，辅导员与学生交流生活、学习情况，心理教师为学生提供心理咨询，思想政治教师引导网络舆论环境，在校园论坛等平台上与学生进行交流等思想政治教育途径，都可以纳入谈心谈话的范畴，可见谈心谈话是较为方便快捷且行之有效的思想政治教育途径。

（四）学生活动

高校思想政治教育的对象主要是在校学生，所以思想政治教育者需要依据学生的思想特点进行更有实效性与针对性的工作。随着国内经济、文化的蓬勃发展，如今的大学生思想更加多元、活跃，这种变化促进了思想政治教育手段的创新发展。更有生命力、更贴近生活的思想政治教育手段会更有效地影响学生，在潜移默化中塑造他们的品格。高校组织的各类学生活动就是让学生既接受主流思想熏陶，又愉悦身心的手段。演讲比赛、教学比赛、创业大赛等学生活动，给予学生磨炼专业技能的机会，同时使学生增强使命感和责任感，认识到自己肩负的时代责任，展现勇立时代潮头、争做时代楷模的青春活力，坚定为实现中华民族伟大复兴而奋斗的决心和勇气。

（五）学生工作

这里的学生工作是指以提升学生的学习、生活质量为目的而开展的管理服务工作。学生进入高校，不仅要学习知识，更要体验高质量的生活。高校要努力增强管理效率、注重硬件建设、改善办学条件、提高教育质量，同时要认识到保障学生便利舒适地生活也是思想政治教育的重要组成部分。对家庭经济困难的大学生的资助工作以及大学生就业指导与服务工作事关学生的生活来源以及未来出路等问题，是学生工作的关键所在。高校提高学生工作的质量，可以不断增强学生的获得感、幸福感、安全感，加深学生对学校的认同感，提高其学习的效率及质量，增强其对共产主义、社会主义的信仰，进一步坚定其跟党走的决心与信心。所以说，学生工作与学生的思想状况息息相关，是高校思想政治教育的重要途径。

第四节　大学生思政教育的重要性

一、大学生思想政治教育的功能

（一）意识形态功能

思想政治教育的意识形态功能是思想政治教育的基本功能。大学生思想政治教育的意识形态功能主要包括三个方面的内容。

第一，在理想信念方面。思想政治教育能够指导大学生树立正确的理想信念，激发大学生的动力，指导大学生的行为。理想信念一旦确立，将是持久的、坚定的，理想越远大，其所激发的精神动力就越强烈，而且坚定的理想信念也要建立在思想政治教育的反复教育、反复实践的基础之上。

第二，在奋斗目标方面。奋斗目标与理想信念既有区别又有联系，远大目标可以看作奋斗目标，这里的奋斗目标是以社会各个阶段的发展目标和人自身发展的目标为基础的，两者的发展都是具有层次性的。

第三，在行为规范方面。思想政治教育在对大学生进行指导的过程中，要严格遵循道德、法纪的要求和准则，提高大学生的道德意识，增强大学生的法律意识，不断预防和避免违法乱纪行为的发生。

（二）保证功能

这一功能主要有三个方面的内容。第一，政治共识性。根据社会发展的要求和人的发展的实际，思想政治教育工作者通过对大学生进行教育，使大学生在政治原则和政治方向上达成共识，避免政治上出现分歧。第二，思想一致性。思想政治教育工作者立足于大学生的思想和工作的实际，对他们进行思想政治教育，使他们的思想方法和思想动机上得到统一，达成思想共识，不断提高民族凝聚力，从而避免在思想认识上可能出现的偏执性和片面性。第三，行动统一性。行动统一性的形成是以政治共识和思想统一为前提的，思想政治教育工作者通过对大学生进行教育，使大学生明确行为规范的准则，时刻约束自己的行为，从而防止行为异常、行为越轨现象的发生。

（三）育人功能

教育对于人的发展是至关重要的。大学生思想政治教育的育人功能主要是通过教育大学生以提高他们的思想道德素质来实现的。这一功能是大学生思想政治教育的一个最基本的功能。人的思想道德素质是人最重要的素质，这一素质决定了人的发展方向，并对人的体力和智力的发展程度有直接的影响。思想政治教育在发挥育人功能的过程中，要以促进人的身心发展为落脚点，不断促进人的全面发展。

（四）开发功能

大学生思想政治教育的开发功能是指通过对大学生进行思想政治教育，使他们的主观能动性得到最大程度的发挥，深度挖掘蕴藏在人体中的内在潜能，使这种潜能变成人现实存在的能力。首先，大学生兴趣爱好是人的潜能得以发挥的基础，要尊重并培养大学生的兴趣爱好，使个人的特长和优势得以发挥；其次，对新事物充满好奇是人的潜能能够发挥的关键，要最大限度地调动大学生的积极性和主动性，提高大学生追求新鲜事物的欲望，从而不断促进大学生的能力和智力的发展；最后，创造是人的潜力得以发挥的最高层次，要培养大学生的创造精神，鼓励大学生勇于探索、不断创新，从而深度发掘自身的潜能。

二、大学生思想政治教育的必要性

（一）落实立德树人根本任务的需要

党的十八大报告中指出要将立德树人作为教育的根本任务。党的十九大报告中强调要落实立德树人的根本任务。党的二十大报告继续强调"育人的根本在于立德。全面贯彻党的教育方针，落实立德树人根本任务，培养德智体美劳全面发展的社会主义建设者和接班人"。习近平总书记在学校思想政治理论课教师座谈会上对立德树人有了更为深刻的阐释，他强调用新时代中国特色社会主义思想铸魂育人，贯彻党的教育方针，落实立德树人的根本任务，思想政治理论课是落实立德树人根本任务的关键课程，要坚持对思想政治理论课的改革创新。回顾党中央对立德树人的阐述，从"作为"再到"落实"，体现了党中央在顶层架构上对立德树人的高度重视，体现了立德树人在社会主义社会教育中的重要地位，彰显了中国特色社会主义制度在顶层设计层面的优势。立德树人是新时代中国特色社会主义社会教育的重要使命和根本任务，引领着我国人才培养工作的发展方向。高等学校是我国人才培养的主要阵地，目前如何切实有效地做好高校立德树人根本任务的实践工作是教育学界、马克思主义理论学界研究的重要课题。

立德树人是教育的初心与本质，是新时代对教育责任、教育价值的定位，也是实现教育现代化发展的精神内核。坚持立德树人，有效地回答了"培养什么人、怎样培养人、为谁培养人"这个教育的根本问题。培养什么人，解决教育目标问题——德才兼备，又红又专；怎样培养人，解决教育方法问题——怎样将德"立"于学生心中，如何"树"学生的报国之志；为谁培养人，解决教育立场问题——为国家培养社会主义事业的建设者和接班人，为人民培养有家国情怀、立志于中华民族伟大复兴的爱国者。解决高校教育的目标问题、方法问题、立场问题，就要回归立德树人的教育初心，就要充分发挥高校思想政治教育的作用，就要将建设性体现在高校思想政治教育的全过程。

高校思想政治教育要将德厚植于学生心中，培养学生形成健全的人格，成长为堪当大用的优秀人才。这就要求高校思想政治教育要将学生的思想建设好、培养好、引领好，高校需要进行思想政治教育的改革创新，做主流意识形态的播种机，做学生成长成才及展示自我的舞台。

（二）培育学生政治认同素养的需要

1. 深刻理解和坚持发展中国特色社会主义的需要

只有对中国道路持高度认同的态度，才能坚定地相信中国能走出属于自己的具有特色的中国之路，才能使大学生坚定中国自信，在了解了中国特色社会主义的优势后对我国的发展前景抱着乐观积极的态度。

2. 坚定拥护中国共产党领导的需要

政治认同的核心要点是强调对国家的政治权力的情感认同。一个社会成员或社会群体对政治权力及其行为的情感倾向，直接决定该社会成员或社会群体是否对国家政治权力持认同态度以及在多大程度上持有认同态度。教育大学生一定要从坚定正确的政治立场着手，使其感受到中国共产党的最高政治领导力量，始终拥护中国共产党的领导，加强其对中国共产党的领导的归属感，从而提升大学生的政治认同素养。

3. 弘扬和践行社会主义核心价值观的需要

社会主义核心价值观是我国公民最基础的价值准则。教育大学生自愿发扬和实践社会主义核心价值观，将社会主义核心价值观列为自己为人处世的价值准则，有助于其运用正确的价值观解决实际问题，培养其社会责任感，坚定中国特色社会主义共同理想。

（三）突出高校思想政治教育本质的需要

思想政治教育的实践贯穿于中国共产党进行革命与建设的历史进程中，但作为一门学科进行独立研究的时间较晚。思想政治教育学科于1984年正式建立，其本质问题成为学界研究的热点与难点。多年来，学者们对思想政治教育的本质进行了诸多探讨，积累了不少研究成果，也产生了很多不同的观点。对该问题的阐述主要有以下几个代表性观点。①意识形态性说。有学者认为，思想政治教育具有意识形态性和非意识形态性两个方面的性质，而思想政治教育的本质规定主要在于思想政治教育的意识形态性。还有学者剖析出意识形态性是最一般、最稳定的属性，是一以贯之的本质属性。②政治性说。支持此观点的学者认为，思想政治教育的本质是政治性，有的学者对政治性说和意识形态说进行了对比与辨析，认为两者虽都触及了阶级性特征，但意识形态说窄化了思想政治教育。③灌输说。支持该观点的学者认为，思想政治教育的本质是灌输互动；思想政治教育的本质归结为互动性，集中体现在人与社会或思想的互动过程中。④教育说。该观点将思想政治教育的本质界定于教育之上，认为思想政治教育主要是价值观教育和政治教育。除上述观点之外，还有精神生产说、社会活动说、思想掌握群众说、控制手段说等。这些研究成果虽然各有不足，但都促进了思想政治教育学科的完善与实践活动的开展，并为我们的进一步研究打下了坚实的基础，为我们理解与探析思想政治教育的本质究竟是什么提供了宝贵的参考。

基于既有的学术成果，剖析思想政治教育的本质要摒弃单一的理论探究和肤浅的表面阐释，要以理论研究为基础，加强实践研究，从理论中进行抽象总结，再从实践中汲取经验，逐步实现理论与实践的融会贯通。本质问题的研究不能只停留于书本表面，而应深入生活实践中，思想政治教育作为一种教育人、培养人的社会实践活动，不是抽象的而是具体的，所以对本质问题的探索研究不能纸上谈兵，必须将其置于现实社会中进行动态与历史的考察。我们可以从高校思想政治教育的具体实践中看出高校思想政治教育的本质是培养学生形成正确的思想，实现全方位、全过程、多层次育人，进而构建一个充满正能量、洋溢着青春活力的校园。通过突出思政课程、课程思政等教育手段的建设性来弘扬主旋律，构建社会主流价值观，营造积极向上的校园风气，是高校思想政治教育本质在实践层面的表现。为使高校思想政治教育永葆其本质而不异化，我们要进一步坚持与加强高校思想政治教育的建设性，使得高校思想政治教育不脱离正确的轨道，在守正创新中实现自我进步、自我超越、自我升华。时代的发展和实践的深入都要求我们要用开放性的眼光来看待思想政治教育，其本质作为既基础又前沿的问题，也处在发展与变化的历史进程中。实践永不止步，理论研究永不止息，切实观察时代发展，深刻反思现实困境，高校思想政治教育才能永葆生机，理论探索才能从量变向质变发展，进而开创高校思想政治教育本质研究的新阶段，助推高校思想政治教育坚持建设性相关认识的发展。

（四）引领正确社会思潮发展的需要

社会思潮是特殊的社会意识现象，是一定时期社会存在的反映，是社会经济、政治生活的"晴雨表"，是判断一定时期意识形态整体状况的"风向标"。社会思潮作为对社会产生普遍影响的思想文化现象，它的诞生、传播、消逝基于不同的历史文化传统和思想理念。社会上存在的某种思想观念能够演进成一种拥有强大传播能力的社会思潮，反映了这种思想观念在一定限度上与一部分人的利益诉求与价值主张相契合，并且证明该思想观念拥有产生、发展的现实土壤与实践基础。正是因为如此，我们需要正确面对社会上形成气候的社会思潮，并提高自己认识及应对社会上不同思想观念的能力。

面对错综复杂的社会思潮，保持冷静、理性与客观的态度至关重要，此时我们需要摒弃简单化的思维方式，从而避免陷入片面理解的窠臼，应该对社会思潮存在与发展的土壤进行分析与判断，增强研究的深度与广度。一方面，社会上存在的各种社会思潮为我们认识社会、理解社会、改造社会提供了一种思维方式的启迪与路径选择的启发。另一方面，社会思潮存在的根源是它具有现实基础，但我们不能因为"存在即合理"就把其存在当成是理所当然的，而不加以甄别，甚至放任自流。

正确处理社会思潮问题的路径是在对社会思潮进行充分有效的分析与研究后，探究社会思潮的思想根源及其影响，并依据其不同特点进行干预与引导。如今的社会思潮依托信息技术特别是移动互联网技术的飞速发展，其传播效率与日俱增、辐射范围日渐扩大。高校作为文化传播与知识交流的殿堂，为不同的社会思潮提供了传播与发展的土壤，正确的社会思潮能够促进大学生的健康发展，而错误的思潮会干扰大学生的思维方式与价值取向。阻止错误社会思潮在大学生中的传播和流行的根本手段是引领正确的社会思潮，让正确的思想观念占领大学生的头脑，成为校园中的主基调。引领正确的社会思潮就要求高校思想政治教育坚持建设性，高校通过思政课程、课程思政等课堂手段，弘扬正确的思想观念，鼓励学生对正确与错误社会思潮进行辨析，以纵向研究、横向比较的方式把握社会思潮的时代脉搏，认清社会思潮背后的深刻政治与社会意义。社会思潮作为现实的写照，夹杂着多种因素，使其很难被客观认识与把握，这对高校思想政治教育工作提出了更高的要求。高校思想政治教育要坚持建设性，将建设性落实到课堂建设与课下活动中，在校园生活的方方面面、点点滴滴中对大学生进行社会现实教育，增强他们对社会主义核心价值观的认同，积极促进大学生思想政治观念的形成和发展，保证他们成为优秀的社会主义建设者。

（五）维护意识形态领域安全的需要

意识形态是一定社会的阶级、集团基于自身利益对现存社会关系自觉反映而形成的认知体系，由一定的政治、法律、哲学、道德、艺术、宗教等社会学说及观点构成，反映了一定阶级或集团的利益取向和价值取向，并为其服务，成为其政治纲领、行为准则、价值取向、社会思想的理论依据。意识形态工作是我党和政府高度重视的一项工作，中共中央多次强调加强意识形态工作的极端重要性。习近平总书记指出："能否做好意识形态工作，事关党的前途命运，事关国家长治久安，事关民族凝聚力和向心力。"可以说，意识形态安全是国家稳定发展的基础，是人民能够安居乐业、享受改革开放成果的保证，是实现中华民族伟大复兴的中国梦的前提。目前我国的意识形态领域总体是安全稳定的，但依旧存在一些风险亟待解决。高校是传授技能、传播知识、引领思想、塑造人才的主要阵地，也处于意识形态领域斗争的前线，是不同意识形态进行激烈交锋的战场。

高校的特殊地位使其更容易受到不同意识形态的影响，正是因为现实风险的客观存在，所以充分发扬高校思想政治教育的建设性来应对敌对势力的攻击与挑战是一个关键课题。习近平总书记多次谈到意识形态工作，提出了高屋建瓴的意见，为构建巩固具有强大向心力、凝聚力、引导力的社会主义意识形态提供了基本遵循与正确指引。高校作为引领主流意识形态、抵御西方意识形态攻击的前沿阵地，肩负着为中华民族伟大复兴培养忠诚建设者和合格接班人的历史重任，切实有效、脚踏实地将意识形态工作落实好，是高校的责任与使命。践行该责任与使命的前提是充分发挥高校思想政治教育的作用，提高其建设性，让正确的意识形态成为校园思想文化的主流。坚持高校思想政治教育的建设性，充分发挥思想政治教育者的积极性与创造性，维护意识形态安全，事关党对高校教育的领导，事关立德树人根本任务的落实，事关"两个一百年"奋斗目标的达成，事关中华民族伟大复兴的实现。

（六）培养实现中华民族的伟大复兴接班人的需要

中华民族在悠长的历史中创造了辉煌灿烂的中华文化,其中蕴含了团结统一、和而不同、兼容并包、自强不息的中华民族精神。一个没有共同精神力量支撑的民族是不可能自立自强的,一个没有共同精神力量支撑的国家是不可能繁荣富强的,一个没有共同精神力量支撑的政党是不可能兴旺发达的。中华优秀传统文化积淀了中华民族最深层次的精神追求,要想实现中华民族的伟大复兴必须大力弘扬民族精神。因此,培育大学生的优秀传统文化自信,其实质是要让大学生在了解和学习优秀传统文化的过程中继承并发扬中华民族共同的民族精神。

大学生是党和人民事业发展的生力军,是引领风气的社会力量,他们的道德水准和精神风貌体现着一个民族和国家的文化素养。青年一代有理想、有担当,国家就有前途,民族就有希望。大学生的价值取向决定了未来整个社会的价值取向。他们是未来社会主义建设的开拓者和奉献者,中华民族伟大复兴的重任也必将落在他们的肩上。同时,他们正处于人生价值观形成的关键时期,坚定的优秀传统文化自信对于大学生正确"三观"的树立和发展有着重要的积极意义。

第三章　中国优秀传统文化与大学生思政教育的关系

在现代高校教育中，传统文化作为宝贵的教育资源，在大学生思政教育中占据重要地位，如何更好地让大学生了解和传承中国优秀传统文化，也是大学生思政教育工作者的重要任务。而当代大学生作为我国未来社会发展的中流砥柱，更加需要优秀传统文化在其思想理念上予以引导。本章分为中国优秀传统文化的思政教育价值、中国优秀传统文化与思政教育的关系、中国优秀传统文化中的思政教育资源三部分。

第一节　中国优秀传统文化的思政教育价值

一、中国优秀传统文化的价值取向

优秀传统文化的价值取向通过传统文化系统中的价值系统表现出来，主要体现为价值判断，如重家庭、尊宗法的群体本位，崇仁义、明教化的人生本位，崇道德、重礼仪的道德本位。

（一）重家庭、尊宗法的群体本位

"重家庭，尊宗法"是优秀传统文化的价值取向之一。传统文化发展最基本的载体始终是宗法家庭，国家、民族、村落都是血缘宗法家庭的衍生体或者派生物。在宗法制基础上发展起来的传统文化决定了在中华文化中居于核心地位的是祖宗观念、后代观念，中国人为人处世首先想到的就是自己的行为做法是否会使祖宗蒙羞。光宗耀祖、衣锦还乡、安土重迁、落叶归根等成语皆是优秀传统文化家庭本位观念的体现。

儒家所倡导的"修、齐、治、平"理论是群体价值外推的表现之一。"修身、齐家、治国、平天下"，从表面看，修身似乎是基础、是根本，但深入思考就会

51

发现，修身的主要内容还是宗法家庭倡导的孝、悌、慈等观念，而"治国、平天下"是倡导这些观念的目的所在。儒家经典对孝、悌、慈的释义是"孝者，所以事君也；弟者，所以事长也；慈者，所以使众也"（《礼记·大学》），意为服务君王要像孝顺父母一样，侍奉长者要像敬爱兄长一样，管理民众要像疼爱子女一样。这样，尊老爱幼的宗法观念就延伸到了整个社会中，形成了优秀传统文化重家庭、尊宗法的群体本位取向。

（二）崇仁义、明教化的人生本位

优秀传统文化的另一价值取向是"崇仁义、明教化"。自古以来，优秀传统文化的主要内容就是儒家所倡导的价值观，而崇仁义、明教化作为儒家学说的本质特征，更是优秀传统文化的基本价值取向。

儒家思想的创始人孔子最早提出"仁学"，并将"仁"作为儒家思想的核心。他主张通过"仁"来进行个人修养，实现自我价值，成为完善之人。孔子之后，历代儒家学者进一步发展了"仁学"，使其更加充实、完善。如孟子主张"仁政"，董仲舒提倡"人性"论，皆将"仁"视作人伦宗法的最高境界与状态。

崇仁义、明教化之所以成为优秀传统文化的另一价值取向，是因为"仁"的思想充分体现了优秀传统文化崇尚和谐的内在精神。"仁"的伦理要求主要表现为两点，一是主张协调人际关系，二是注重人的自我修养。中华民族在家族本位的长期影响下，始终将孝悌视为伦理道德的根本，提倡父母慈爱、子女孝顺、兄弟友爱。这种家庭成员间的友善、和睦相处推而广之，就成了对朋友言而有信、对国家忠诚有义的为人准则，在社会范围内则表现为"四海之内皆兄弟"的博爱胸怀。故而，"天下一家""公而忘私""廉洁奉公"便成了人们推崇的价值理想。

崇仁义、明教化的价值取向还表现在人们对义利关系的认知上。中国传统义利观经过历史积淀，其主要思想可概括为下述几点：首先，义利问题方面，传统伦理道德始终坚持"重义轻利"原则。重"义"并不代表要完全舍"利"，而是主张我们应在"义"这一标准的指导下谨慎对待"利"。当"利""义"相符之时，"利"便可取之，即见利应思义。若"利"与"义"相违背之时，则需"重义舍利"，如此，方为"君子"也。其次，从更深层面来说，重义轻利思想指的是个人应维护国家、民族利益。中国社会的主流价值观始终倡导人民应坚持舍己为国原则，要以大义为重，舍小家为大家，要有国家至上、人民至上的崇高爱国情怀。

（三）崇道德、重礼仪的道德本位

"崇道德、重礼仪"是优秀传统文化的又一价值取向。"太上有立德，其次有立功，其次有立言。虽久不废，此之谓不朽"（《左传·襄公二十四年》），以及"德者本也，财者末也"（《礼记·大学》）。可见，优秀传统文化的一个显著价值取向即"崇道德、重礼仪"。

数千年来，历代贤哲和统治者始终大力倡导伦理道德。孔子主张："志于道，据于德。"（《论语·述而》）提倡人应涵养崇高的道德品质，培育立志追求真理的精神，做任何事都不能超越道德的界限。孟子在继承孔子思想的基础上，首创"五伦"说，指出："父子有亲，君臣有义，夫妇有别，长幼有序，朋友有信。"（《孟子·滕文公上》）这是孟子关于"五伦"的简要论述。

经过历代贤哲的积极倡导以及统治阶级的长期教化，传统伦理道德对中华民族的民族心理、价值判断、民情风俗等方方面面都产生了广泛的影响。人们习惯以伦理道德作为衡量标准去评判他人的思想与行为，要求人们忠君爱国、孝顺父母、大公无私、舍生取义、兄友弟恭、诚实守信等。

我国著名学者钱穆曾对一位国外学者说："如果你想真正了解中国文化，你必须站在更高的位置，看到中国的核心。而'礼'则是中国思想的核心。""礼为中国文化之心"的说法不仅简明有力，而且符合中国古代的历史实情。古代中国拥有浩瀚庞杂的礼类文献，是其他国家和民族难以企及的。如春秋时期的《仪礼》及宋朝的《政和五礼新仪》等，唐代杜佑所著的《通典》系统整理了唐之前历代典章制度的发展与演变，这本书总共有两百卷，而其中和礼制相关的记载就有一半之多，可见古代中国对礼仪的重视之深、研究之精。此外，由于孝悌思想是宗法家庭的基本思想，将其外推至社会，"孝""悌"就演变成了"忠""义"，成为社会群体必须遵守的道德伦理规范，为了维护这一规范，必须建立一套与之相适应的礼仪，因此，上到君王大臣，下至黎民百姓，都需要遵守一系列严格的礼仪规范。故而，对古代中国而言，"礼仪之邦"的称谓可谓当之无愧。

二、中国优秀传统文化的思政教育价值审视

从历史上看，中国优秀传统文化在其生成和发展的历史空间中，对于人们的思想政治教育价值体现为个人和社会两个方面。个人方面，中国优秀传统文化中丰富的教化思想，对古代中国人不断提高修身水平、追求止于至善的人生境界提供了道德滋养。其独特的修身方法，如"慎独"等，为人们完善君子人格提供了自我修养的进取路径。社会方面，中国优秀传统文化通过"天地君亲师""仁义礼智信""恭宽信敏惠"等主导价值观念进而形成了一整套价值体系，保持了中华文明数千年的文化血脉。中华传统价值体系虽然屡遭外来文化的冲击，但并没

有被外来文化所冲垮，反而使其成为中国优秀传统文化的有机构成，在构建中国封建社会"超稳定结构"中发挥了极其重要的作用。中国优秀传统文化对形成和维护我国团结统一的政治局面，对形成和巩固多民族和合一体的大家庭，对形成和丰富中华民族精神，对激励中华儿女维护民族独立、反抗外来侵略，对推动中国社会发展进步、促进中国社会利益和社会关系平衡，都发挥了十分重要的作用。

从当代来看，中国古代历来讲格物致知、诚意正心、修身齐家、治国平天下。从某种角度看，格物致知、诚意正心、修身是个人层面的要求，齐家是社会层面的要求，治国平天下是国家层面的要求。我们提出的社会主义核心价值观，把涉及国家、社会、公民的价值要求融为一体，既体现了社会主义本质的要求，继承了中国优秀传统文化，也吸收了世界文明的有益成果，体现了时代精神。

其一，中国优秀传统文化在增进民族文化认同中营建我们的精神家园。民族文化认同是民族得以存在和发展的基本，精神家园是一个民族的文化依托和心灵归宿。改革开放后，面对"欧风美雨"的影响，我国当代文化建设和社会发展中的一个突出问题是解决文化认同危机和重构民族精神家园。必须坚守中华民族共有的精神家园，不断增强民族自豪感和自信心，而这一切都离不开中国优秀传统文化的传承与弘扬。中国优秀传统文化营建中华民族共有的精神家园，表现为能够激励中华儿女强烈的民族自信心和自豪感、引领中华民族精神的培育、促进社会主义和谐社会的建设等。中国优秀传统文化中蕴含的崇尚德性、关怀社会的特质，如孔子所主张的"为政以德"、老子批判时政所提出的"圣人无常心，以百姓心为心"的主张、孟子批判当时社会所提出的"民贵君轻""施行仁政"等思想，共同营造了中华民族的精神家园，为今天的社会主义精神文明建设提供着源源不断的滋养。

其二，中国优秀传统文化为马克思主义中国化、时代化搭建了文化桥梁。中国现代哲学家、哲学史家张岱年曾说："中国文化中本有悠久的唯物论、无神论、辩证法的传统，有民主主义、人道主义思想的传统，有许多历史唯物主义的思想因素、有大同的社会理想，如此等等，因而马克思主义很容易在中国的土壤里生根。"

中国人民能够选择和接受马克思主义，除了近现代革命先驱通过历史实践得出的"只有社会主义才能救中国"的认识外，中华民族文化心理上认同马克思主义的基础就是二者具有的共同点和契合点。二者不仅在辩证思维传统上具有相通处，而且二者内蕴的人文关怀思想也异曲同工。马克思主义就是在对无产阶级和劳动人民的生存处境、主体地位和价值尊严的深切关怀中产生的，人文关怀是马克思主义的重要内容。马克思曾说，人的类特性恰恰就是自由的自觉的活动。中国优秀传统文化当中有着深厚的人文主义传统，如"以人为本"思想，《尚书》载："匹夫匹妇，不获自尽，民主罔与成厥功。""一夫不获，则曰时予之辜。"这里生动地展现了古代朴素的民本思想，阐明了作为人民之君主的政绩观。我们也必须承认，古圣贤所说的"人本"主要指"民本"，是从维护社会稳定和实现政治清明角度讲的，并没有指涉个人的自由权利和人民在国家政治中的主体地位，缺乏"民本"政治制度建设基础，这也是其局限性所在。但这并没有影响其包含的"民本"思想向"民主"思想发展的现实可能性，也为马克思主义的人文关怀被中国人接受创设了条件。中国的"大同理想"主张，一方面包含着对不合理的现实社会的批判，另一方面包含着对未来理想社会的向往。这也为中国人接受马克思主义埋下了精神火种。

第二节　中国优秀传统文化与思政教育的关系

一、中国优秀传统文化对思政教育的促进作用

（一）中国优秀传统文化是进行思政教育的理论基础

中国传统文化久经岁月沉淀，形成了一套完整的思想道德规范体系和价值体系，具有旺盛的生命力与感染力、较强的传承性和历史性，是大学生思政教育不可或缺的理论源泉。

1. 中国优秀传统文化有助于培育大学生的社会主义核心价值观

社会主义核心价值观仅以寥寥数语就从不同层面对我国的价值取向与道德目标做出了高度概括与深度凝练。字数虽不多，但却蕴含着深刻意蕴，是对具有普遍意义的社会价值的归纳概括，也是对人类文明成就的高度浓缩。社会主义核心价值观的涵养与培育，并不单单是某个人、某个机构或某个团体的任务，而是每个人的共同责任。

经过几千年的洗礼和发展，新时代背景下，中国优秀传统文化更加具有稳定性和传承性，它的传承性体现在每个中国人身上。推动中国优秀传统文化与大学生思政教育协同发展、相互促进，对培养大学生的社会主义核心价值观意义非凡。

作为中华民族时代文化的产物，社会主义核心价值观属于文化意识范畴，其

发生和发展无疑是植根于我国优秀传统文化之中的。习近平总书记对我国优秀传统文化的发展倍加重视，多番强调扎根于优秀传统文化是涵养、培育社会主义核心价值观的首选路径，强调"要坚持不懈培育和弘扬社会主义核心价值观，引导广大师生做社会主义核心价值观的坚定信仰者、积极传播者、模范践行者"。

实现大学生思政教育与优秀传统文化的协同发展，是新时期培育社会主义核心价值观的重要途径。积极汲取优秀传统文化的丰富养料，深入挖掘优秀传统文化的强大思想政治教育功能，是开展社会主义核心价值观教育的应有之举，也是大学生增强文化素养、进行自我完善的内在要求。

2. 中国优秀传统文化有助于激励大学生担起实现中国梦的重任

一个有梦想的民族，才可能有光辉的未来。中国梦是由每个中国人的梦汇聚而成的伟大复兴梦，没有中国共产党全心全意为人民服务的初心，没有全国人民为之奋斗的决心，没有优秀传统文化的传承和弘扬，中国梦就不可能实现。文化是历史发展的生命线，是国家进步、民族团结的生命线。作为中华民族的根基和命脉，优秀的传统文化无疑是实现中国梦的精神支柱。

历史告诉我们，要在文明古国——中国建设新的民族文化，是离不开历史、离不开传统的。若完全抛开历史、丢弃传统，我们将会失去民族根基、道德支柱，甚至失去精神命脉，这于国家发展、民族复兴而言无疑是深重的灾难。亘古以来，中华民族就有着古老的文化传统，中华民族独有的人文素养、文化品质都得益于这个传统。

具有漫长历史和辉煌文化的中国，如今已重新发现了优秀传统文化的强大功能。当下，我们致力于建设社会主义现代化强国，实现民族的伟大复兴，离不开历史基础和优秀的传统文化，所谓复兴就是在不忘本来的基础之上，开辟新的未来。立足新时代，实现民族复兴，必须以优秀传统文化涵养中国梦，让崇正义、尚合和、讲仁爱、求大同、明礼义等优良传统成为实现民族复兴的根基和支柱。作为历史的显著基因，优秀的民族文化总是在民族的血液中涌现，随时代激流而奔涌、喷泻。

（二）中国优秀传统文化是进行思政教育的精神养料

"立德树人"是古往今来历代教育家共同遵循的理念，也是新时代开展教育的内在要求。数千年来，传统文化历经时代更迭、王朝交替，但立德这一核心却始终如一。思想政治教育作为开展一切工作的生命线，也是培养大学生正确政治观、道德观及思想观的主课堂，优秀传统文化经过几千年的发展凝练，其中的爱国主义、自强不息、厚德载物、忠厚务实等精神无疑是开展大学生思政教育的精神养料。

1. 崇高民族精神为进行大学生爱国主义教育提供了丰富养料

作为民族的根基与命脉，民族精神是爱国主义教育的基础，是中华民族绵延至今、自立于民族之林的精神支撑。作为爱国主义教育的理论基础，传统文化中崇高的民族精神无疑为大学生爱国主义教育的开展奠定了基础。

历史发展证明，一个国家、一个民族要想在世界舞台上占据重要地位、发挥重要作用，离不开强大的精神支撑。培育和发扬民族精神，二者是同一事物的两个方面，是相互促进、协同发展的。我们培育和弘扬的民族精神也在不断发展、与时俱进。我们不仅要在培育的基础上进行弘扬，也要在弘扬的过程中继续培育，这是一个双向发展、共同进步的过程。尤其是新时代环境下，在中国特色社会主义进入新时代的关键时期，更是如此。对大学生进行爱国主义教育有着非凡意义，让大学生树立爱国意识、产生爱国情感、养成爱国意志，最终转化为爱国行动，并非朝夕之事，我们要使民族精神教育与爱国主义教育相辅相成、协同发展。

历经数千年的洗礼，中华民族形成了以爱国主义为基础的民族精神，这是中华儿女的强烈归属感所在，更是中华文明的强大生命力所在。民族精神使优秀传统文化成为民族团结的情感纽带和爱国主义教育的精神纽带，有效实现了浓厚的爱国情感、坚毅的报国志向及崇高的报国举动三者间的有机统一。伟大的民族精神激励着千千万万中华儿女为维护民族利益而不懈奋斗，为实现民族复兴而埋头苦干。不言而喻，进行社会主义精神文明建设和大学生爱国主义教育必须从民族精神中汲取丰富养料。

2. 优良伦理道德为大学生投身社会主义现代化建设提供动力

优良伦理道德意蕴深厚、影响深远，经过数千年的洗礼与积淀，具有强大的生命力和影响力，是中华儿女进行社会主义现代化建设的内在动力。中华儿女进行社会主义现代化建设需从优秀传统文化的深厚土壤中吸收养分，使得社会建设和文化建设同向同行、紧密结合。因而，传统伦理道德的引入是激发大学生投身社会主义现代化建设的内在动力。

道德的缘起与文明的进程是相辅相成的，有数千年文明史的中国同样有着数千年的道德传统。在人们的心中，道德伦理始终处于优先和特殊的地位，古代贤哲不仅以道德实践作为人生实践的重要内容，而且将其视为政治上的最高追求和最终目标。

作为人们修身的标准和指南，传统伦理道德是日常交往中正确处理人际关系的行为准则，是提升人们道德修养、强化人们道德意识的精神法宝，也是实现社会主义现代化与社会和谐的重要手段。孔子指出："道之以政，齐之以刑，民免而无耻；道之以德，齐之以礼，有耻且格。"（《论语·为政》）可见单用律法规章来管理人民是难以让民众产生羞耻感并诚心归顺的，但用道德伦理、礼仪教化进行管理却可以做到。进入新时代的中国，物质文明建设已取得了非凡的成就，正在实现现代化和民族复兴的伟大征途中前进。优良伦理道德是优秀传统文化的一个重要组成部分，是自我人生规范和社会生活秩序的自觉理性规定，优良伦理道德所蕴含的强烈自我使命感和社会责任感将激励大学生积极参与社会主义现代化建设，引导他们为实现民族复兴而拼搏、奋斗。

（三）以中国优秀传统文化提升思政教育的实效性

中国传统文化作为中华民族集体意识的深厚积淀，在无形中时刻影响着国民的生活习惯、思维方式与价值观念。思想政治教育作为培养人们正确世界观、人生观、价值观的重要途径，要切实发挥其凝聚价值共识、提振精神状态、培育和谐心理的作用。但是，传统文化的育人作用同样不可忽视。新时代的思想政治教育应将创造性转化、创新性发展中国传统文化，推动传统文化与现代文化的和谐统一，促进传统文化与大学生思政教育的融合作为其实效性提升的重要途径。

1. 以传统文化增强文化自信

文化自信是一种基于对本民族文化的认可而形成的心理状态，是组成国家文化软实力的重要元素。进入新时代以来，传统文化的育人价值、重要作用广受关注与推广。我们应充分发挥思想政治教育的引领作用，帮助当代国人重构精神世界、丰富精神家园。现代大学生思政教育应积极吸收、借鉴、弘扬、传承优秀传统文化内容，让大学生充分意识到传统文化的深厚底蕴与突出优势，意识到传统文化才是我们最强大的软实力，意识到传统文化对其他国家发展所起到的启发和引领作用。浸润于深厚传统文化的国人必定能够以更加积极的心态、广阔的胸襟、长远的目光应对新时代的各种挑战。

2. 以红色基因坚定理想信念

红色文化是全国各族人民在中国共产党的领导下，在长期的革命、建设进程中所创造出来的先进文化，是对马克思主义的中国化优化，是对中国传统文化的创造性发展，是中华民族复兴道路上的精神风貌与价值追求的集中体现。在不同的历史阶段，红色文化也拥有不同的时代内涵，形成了不同的时代表述，具有代表性的如长征精神、西柏坡精神、红船精神、抗战精神等，这些精神无不体现着理想坚定、信仰忠诚、甘于牺牲的时代特征。中国革命之所以能够取得巨大成功，正是因为拥有坚定的理想信念，而这种理想信念将继续推动我们在实现中华民族伟大复兴的道路上走得更远。红色文化从萌芽发展至今天，不过百年时间，它离我们很近，并持续激励着我们在社会主义道路上不忘初心、砥砺前行。

（四）中国优秀传统文化是思政课重要的教学资源

中国传统文化积淀着中华民族最深沉的价值追求，代表着中华民族独特的精神标识，是我们进行思想政治教育的文化根本。文化虽然随着社会的进步而不断变化发展，但每个民族文化的精神内核会穿越时空留存下来，其文化基因不会轻易改变。每一种民族文化都有它的历史合理性和不可替代性。中国传统文化中"礼义廉耻""舍生取义""扶危济困"的伦理道德追求，"己所不欲，勿施于人""来而不往非礼也"的待人处事之道，"刚健有为""自强不息"的奋斗精神，"精忠爱国""修身、齐家、治国、平天下"的家国情怀，"以人为本""民惟邦本""民贵君轻""儒法并用""德刑相辅"的治国理念，"止戈为武""协和万邦""和而不同"的和平思想，以及"天人合一"的宇宙自然观等，均体现了中华文化的价值理想和内在精神，其内容也反映了我们文化所要求的人伦规范。这既是中华民族文化的表征，也是中国人所信奉的核心价值观和道德智慧的体现。今天，思政课只有深深根植于中华民族传统文化的土壤，才能获得更好的发展，并从中获得永恒的精神动力。

中国传统文化是思政课用之不尽、取之不竭的源泉。在思政课上坚持以传统文化教育人，就更要重新审视传统文化，以高度的文化自信对传统文化进行创造性转化，努力创造出依托传统、立足现实、融合古今的思政课教学资源。

（五）中国优秀传统文化是思政教育的历史场景

"传者，相传继续也。""众丝皆得其首，是为统。"由此可见，"传"与"统"都代表时间的延续与继承。我们能够在几千年之后的今天还清晰地了解以前的社会生活情况和每个不同阶段的文化、意识的发展变化情况以及每个汉字的演变过程，传统文化在此过程中所起到的载道、记事以及化人作用是不容忽视的。当今社会，每个人都深受传统文化的影响，当我们尚在襁褓之时，传统文化因素的影响就已初步显现。当我们以独立个体的身份参与各种社会实践时，承载着传统文化的社会化教育便逐渐渗透至我们的思维习惯中。

人们在创造历史时并不是在他们自己选定的条件下随心所欲地创造，而是基于以往传承的、既定的、随机遇到的条件进行创造的。而对于当代思想政治教育来说，中国传统文化就是其不断发展过程中的"基于以往传承的、既定的、随机遇到的"条件与文化背景，其在大学生思政教育科学化发展过程中起着重要的推动作用。此外，社会主义核心价值观中蕴含着中国传统文化深刻的思想精神，既是建设中国特色社会主义文化社会的思想基础，同时，也是弘扬中国优秀传统文化的思想基础，更加需要当代思想政治教育者给予高度关注。习近平总书记强调："培育和弘扬社会主义核心价值观必须立足中华优秀传统文化。牢固的核心价值观，都有其固有的根本。抛弃传统、丢掉根本，就等于割断了自己的精神命脉。博大精深的中华优秀传统文化是我们在世界文化激荡中站稳脚跟的根基。"社会主义核心价值的三个层面十二个方面无不体现着传统文化的深刻内涵。例如，在悠久的历史中，我国人民始终将对大同理想的追求、对美好生活的向往作为重要的奋斗目标，而这正是"富强"价值观的思想底蕴；而"民主"的内涵则源自"民贵君轻""民惟邦本"的治理思想；而作为传统文化最明显的标志——和谐，则源自西周末年由周太史史伯所提出的朴素的辩证法观点"和实生物，同则不继"；等等。这些都足以说明，传统文化是社会主义核心价值观的源泉，为新时代思想观念的发展提供着深厚的滋养。但是，传统文化绝不是一成不变的，它会随着社会的变迁、时代的发展而日益丰富。在不同的发展阶段，传统文化的发展也呈现出不同的特点，尤其是在中国近代史中，随着马克思主义思想的涌入，传统文化的内涵也更加丰富与完善。进入新时代以来，传统文化也呈现出新的气象，焕发出新的生机，并逐渐形成了新的传统。我国著名思想政治教育专家郑永廷认为："我国的民族文化，不仅包括古代文化，现代以来的革命传统文化更是其中的重要组成部分。"

所以说，思想政治教育的文化背景是由我国古代传统文化、马克思主义中国化内容以及现代革命传统文化共同构成的。

二、中国优秀传统文化与大学生思政教育的内在联系

（一）目标具有一致性

我国思想政治教育的根本目的是提高人们的思想道德素质，促进人的自由全面发展，激励人们为建设中国特色社会主义、最终实现共产主义而奋斗。在中国传统文化中，思想道德修养本身就是其重要组成部分。儒家经典《礼记·大学》开篇便点明教育的宗旨，即"在明明德"，其基本内涵就是培养学生的能力之前最重要的是要培养学生良好的品德。孟子认为，通过教育，一心向善，人人皆可

大有作为。荀子提出"性恶论"，认为只有通过不断的教育，才能将人性的"恶"转化为"善"。《三字经》是我国传统的启蒙教科书，其通过朗朗上口的短句教导人们具备仁爱、孝顺、诚信、谦恭等品质。管子认为，"礼义廉耻"是国家的"四维"，《管子·牧民》中有云"四维不张，国乃灭亡"，将"礼义廉耻"提升到关系国家生死存亡的高度……由此可见，古人对于道德修养的重视。古代的有识之士向来把自身的命运和国家存亡紧密联系在一起，将修身齐家治国平天下作为毕其一生的追求，为国家和民族的发展上下求索。屈原的"亦余心之所善兮，虽九死其犹未悔"（《离骚》），表达出为争取国家和民族发展而坚持高洁品行纵死不悔的壮志豪情。北宋教育家张载在《张横渠集》中提出了流芳百世的经典名句——"为天地立心，为生民立命，为往圣继绝学，为万世开太平"，号召人人都应承担起历史赋予的使命并不断践行。由此可以看出，中国传统文化和大学生思政教育的目标都指向个人道德素养的提升和民族发展大任的担当，二者目标的一致性使得中国传统文化融入大学生思政教育具备了可能。

（二）内容具有相通性

大学生思政教育与中国传统文化有许多相通的地方，教育内容的一致性是二者有效融合的前提。中国传统文化中的思想道德精神能为大学生思政教育提供借鉴，如中国传统文化中蕴含的哲学观点、民族精神、价值理念等，能为大学生思政教育提供丰富滋养，为大学生思想品格的培养提供理论支撑。

首先，大学生思政教育与中国传统文化的与时俱进性是一致的。中国传统文化流传至今，在不同的历史时期与不同的文明相互碰撞、不断演进、不断发展，展现出与时俱进的特点。大学生思想政治教育理论也历经时代发展，不断完善与进步，形成丰富的理论成果，为不同时期的人带来思想启蒙。

其次，历史的向前发展给我们带来了许多优秀的文化，以民族精神最为显著。中华民族的民族精神指引我们应秉承自强不息、积极进取、不畏艰险的精神，正是这种精神激励我们不断奋勇向前，不畏艰险，面对灾难仍不抛弃、不放弃，遇到欺凌侮辱绝不懦弱妥协。它使中华儿女团结一致，是我们攻坚克难的后备力量。在大学生思政教育中，要着重进行民族精神的教育，使大学生坚定理性信念，锤炼坚强意志。中华民族精神是中华儿女勠力同心的指引，无论我们身在何处，面临什么艰险，它都能激励我们奋勇争先、一往无前。

最后，在价值观念教育方面，我们应减少"说教式"和"灌输式"的教育方式，单从理论方面讲述无法使受教育者做到知行合一。中国传统文化中蕴含着许多经典事例，也存在着许多名家典故，其中思辨的理论概念对现今的价值理念教育有指导意义，如善恶争辩使我们更全面地认识到人性品格，义欲争辩让我们对人生价值有崭新的认识，名实争辩让我们明白人要脚踏实地、与时俱进等。正是这些探讨与争辩逐渐形成了中华民族较为稳定的价值取向，也为当今的教育者提供了一个新的教学视角。教育者可以通过学习中国传统文化中的精华部分，以内容拓展的形式丰富思想政治教育的内容，增强思想政治教育的说服力。

以上三个方面阐述了中国传统文化与大学生思政教育内容的共通之处，同时也表明大学生思政教育若想实现育人的目的，就要扎根于中国传统文化的沃土。反之，中国传统文化要想得到更好的传承与发展，必须结合现代教育的特点，不断融合创新，形成独特的具有时代性的文化。总的来说，中国传统文化融入大学生思政教育是互惠互利的工程，二者的融合能实现教育资源与教育功能的最大化。

（三）方法具有互补性

由于大学生思政教育工作的政治理论性较强，而且高校的思想政治课程都是采取大班授课模式，为了在课时少、知识多、学生多的课堂中产生良好的教育效果，往往采取单向灌输的方式，使得学生处于被动配合之中，严重影响课堂中师生的互动环节，学生的主动性和创造性受到了极大的限制，致使学生普遍兴趣不高，难以取得良好的教学效果。而中国传统文化的教育方式恰好补齐了这一短板。

首先，传统文化强调浸润式的教育方式，强调"以文化人""以文育人"。这种润物无声的教化形式与特点易于被受教育者所接受，而且一经接受，受教育者就会对其所传达的思维方式和价值理念产生强烈的认同感，并逐渐扎根于灵魂深处，难以动摇。

其次，中国传统教育倡导因材施教的理念。孔子指出，人的智力、性格、心理状态和兴趣有所差异，每个人都有自己的发展方向和发展阶段，所以必须分析每个学生的具体情况，采用不同的教育方法有效进行教育，才可做到既教人，又育人。因材施教具有重要的现实意义，如今，大学生的性格、家庭环境、人生目标等都存在很大的差异，理应采用因材施教的教育方法，对大学生进行正确引导。

最后，传统文化与其他文化不同，其特别注重引导人的自省意识，倡导人应该不断反省自身思想和行为中存在的不足，并加以修正改善，不断加强思想道德修养以推动自己向"圣贤"的思想境界靠拢。这恰好解决了现代大学生思政教育过程中受教育者主动性不高的问题。中国传统教育与大学生思政教育的教育方法应相互融合、相互促进，才能达到理想的教育效果。

第三节　中国优秀传统文化中的思政教育资源

一、"天人合一"思想

"天人合一"思想作为中国传统文化的重要组成部分，包含着我国古代哲人对于人与自然关系的思考，体现了中国古代关于人与自然和谐相处的精神境界。

（一）"天人合一"思想的产生——先秦时期

商周时期，由于人的认知能力较低，当时的人们普遍认为"天"具有超神的属性。先秦时期，"天"的超神属性逐渐被人质疑，"天"被赋予了更多人性化和可理解性，地位降低至现实世界。《左传·昭公十七年》的"天道远，人道迩，非所及也，何以知之？"已经说明了"天"其实是可以被认知的。在此期间，春秋时期关于"天人合一"思想存在着两种不同的理解——儒家思想和道家思想。在儒家思想中，将"天"赋予道德属性，"天人合一"表现为人与当时的道德规范的合一，《孟子·尽心上》中提到"尽其心者，知其性也。知其性，则知天矣"，其中的"性"指的是上天赋予人的道德品性，"尽其心"就能够掌握和了解人的天性，从而达到"天人合一"的境界，其中的"心"包括"恻隐之心，仁也；羞恶之心，义也；恭敬之心，礼也；是非之心，智也"。战国末期，同为儒家学派的荀子的"天人合一"思想为"制天命而用之"。他认为"天"没有意志和目的，但是具有规律，"人"通过认识其"常"（规律）的行为组织实践活动，从而达到"天人合一"的境界。而道家思想将"天"定义为自然，"天人合一"表现为人与自然的合一，老子认为的"人法地，地法天，天法道，道法自然"中的"自然"就是自然而然、无为而治的思想，并且"自然"的变化受到"道"的约束，人在顺应"道"的过程中就已经达到了"天人合一"的境界。同样属于道家的重要代表人物——庄子在《庄子·齐物论》中说过"天地与我并生，而万物与我为一"，其表现出庄子认为的"天人合一"的境界是人与自然万物融为一体。

（二）"天人合一"思想的发展——秦汉时期

西汉的董仲舒结合阴阳五行的思想提出的"天人感应"学说中的"天人合一"的思想观念是当时哲学思想的代表。他认为"天人合一"的方式主要有三种。第一，天地万物是同样的。《春秋繁露·管制象天》中提到"天有十端，十端而止已……凡十端而毕，天之数也"，董仲舒将"人"归为"天"的一部分，而"天"的运行遵循五行间的相生相克的规律，从而使得万事万物"动"起来。第二，"人"是"天"的"副本"，也就是说"人"是"天"所创造的，"人"与"天"相似，即董仲舒所讲的"人副天数"。"人"的形体与"天"相似，并且"人"的性情也是由"天"转化而来。《春秋繁露·为人天者》就说道："人生有喜怒哀乐之答，春秋冬夏之类也……故曰：'非道不行，非法不言。'此之谓也。"所以，董仲舒从形体和性情两个角度阐述"人"与"天"相似，说明了"天"和"人"是可以"合一"的。第三，"天"的运行与"人"的社会运行合一。

东汉的王充在《论衡·谈天》中认为，"以天道人事论之，殆虚言也"。这对董仲舒的"天道"与"人道"的观点提出质疑。王充的天人关系理论延续了老庄的思想，《论衡·无形》中认为，"人禀元气于天，各受寿夭之命……人命短长，可得论也"。即人与器皿一样，通过"天"赋予的"元气"组成形体，"天"对"人"的形状和寿命起到决定作用，"天人合一"就是"人"要顺从"天"的规律。

（三）"天人合一"思想的最高峰——宋明时期

中国古代的"天人合一"思想在宋明时期发展到了顶峰，北宋理学家张载最先提出了"天人合一"这个命题。而关于天人之间的关系以及如何"合一"的问题，他在《西铭》中提出了"乾称父，坤称母……民，吾同胞；物，吾与也"，体现了其将"人"与自然万物融为一体的思想。张载的"天人合一"思想中既有孟子的"万物皆备于我"的思想，又包含了"人"是由"气"组成的道家思想，成为"天人合一"思想观念的一次重大的突破。

北宋理学家、教育家程颢则认为"心就是'天'"，这里的"天"是内在的，《河南程氏遗书·卷第二上》中提到"只心便是天，尽之便知性，知性便知天。当处便认取，更不可外求"，体现出了程颢对于天的认识。程颐则重点强调"天道"和"人道"是相同的。"称性之善谓之道，道与性一也……凡此数者皆一也"（《河南程氏遗书·卷第二十五》）体现出程颐认为的性、天、心之间的关系，天就是理，性也是理，因此"天"和"人"就通过"理"联系起来，因而"天道"和"人道"具有同一性。

王阳明在《传习录·上卷·徐爱引言》中将"天"和"人"的关系解释为"性是心之体。天是性之原。尽心即是尽性"。他将"天"和"人"通过"性"联系到了一起，而对于"性"，王阳明则认为"于事事物物上求至善，却是义外也……本注所谓'尽夫天理之极，而无一毫人欲之私'者，得之"（《传习录·上卷·徐爱引言》）。王阳明的这种关于人的本性的认识是对人性的善与恶的一种融合。王夫之认为，天人关系应该是"在天有阴阳，在人有仁义……天与人异形离质，而所继者惟道也"（《尚书引义·卷一》），明确表明"天"和"人"之间存在差别，不应该强行将其融合，但是"天"和"人"之间存在"继"的关系，因此"天道"和"人道"之间是存在关系的。在处理"天"和"人"的状态时，王夫之认为"圣人尽人道而合天德。合天德者，健以存生之理"（《周易外传·卷二》），即天的本质是"健"，人的活动特点是"动"，人通过"动"观察天之"健"的本质特性，使得人更能准确地融入天当中。

二、"以人为本"思想

（一）"以人为本"价值观的文化渊源

早在春秋时期，齐国政治家管仲就明确提出了"以人为本"的思想观点。《管子·霸言》有言："夫霸王之所始也，以人为本，本理则国固，本乱则国危。"与管仲相比，墨子从更具体的角度阐述了"以人为本"的思想。墨子指出："官无常贵，而民无终贱，有能则举之，无能则下之。"（《墨子·尚贤上》）在墨子看来，选拔官员要以能力和贡献为客观标准，要出于公心，抛开个人恩怨，坚持德才兼备的原则。墨子认为"尚贤使能"是关系国家繁荣兴盛、社会治理的关键因素。虽然墨子的"尚贤使能"思想与管仲的"以人为本"从表面上看不尽相同，但二者本质上都蕴含着人本思想的价值观，墨子对贤德和有才能的人的重视难道不是在强调人的因素在国家发展中的重要性吗？孟子在《孟子·尽心下》中提出"民为贵，社稷次之，君为轻"，这是孟子对"以人为本"思想进行深入思考后得出的论断。孟子站在民众的角度强调"民贵君轻"，不仅是由于"仁者要爱人"，还源于"得民心者才能得天下"。荀子将君主比作舟，把百姓比作水，指出"水则载舟，水则覆舟"（《荀子·哀公》）。西汉时期，贾谊在《新书·大政上》中指出："闻之于政也，民无不为本也。国以为本，君以为本，吏以为本。"贾谊认为，在治国理政中，国家、君主、官员都要树立"以人民为本"的思想。

三国时期，刘备携民众渡江的故事至今仍被传为一段佳话，就是因为其体现了"以人为本"的价值理念。初唐时期，唐太宗懂得统治者要赢得民心才能稳固社稷的道理，他曾多次告诫大臣虽然天下已经统一了，但仍然要居安思危。

我国古代明君都十分重视"以人为本"的价值观之于社会治理的重要性。尽管他们更多的是出于巩固统治地位的需要，但正是在这个过程中，"以人为本"的思想才得以不断丰富和发展，并在一定程度上惠及民众，推动中国社会治理前行。我们应该不断挖掘传统文化中的某些思想资源及其当下的价值需要，肯定并继承其中积极合理的成分。

（二）中国传统文化中"以人为本"的内在价值

1. 道德修养是人生发展中最重要的因素

中国传统文化的内在本源主要可以分为两种类型，即道家思想与儒家思想，但是不管是道家传统文化，还是在儒家传统文化，都强调了道德修养的重要性。例如，在儒家思想"正心、修身、齐家、治国、平天下"当中，"正心"与"修身"放在了前两个步骤当中，这充分说明了只有实现自我道德修养的完善才能获得进一步的发展。而在道家思想当中，个人修养则成为人生的主要任务，大部分道家学者终生都致力于自我道德的完善。

2. 个人的发展需要与环境相协调

在中国传统文化当中，"以人为本"还体现在个人与环境之间的协调发展上，这一思想在中国传统文化当中有较多的体现。首先，道家追求的是一种"天人合一"的思想境界，所谓"天人合一"在本质上就是要求人的发展必须建立在对应的环境当中，只有顺应环境的发展才能让个人获得全面的发展。其次，儒家也提出了"穷则独善其身，达则兼济天下"的著名论断。相比于道家而言，儒家在适应性方面则有了进一步的发展，这对于现阶段的大学生思政教育也具有非常重要的借鉴意义。

三、"贵和持中"思想

（一）中国传统哲学思想——"和"

在中国传统哲学思想中，"和"是一个较为核心的思想观念，也可以说是最重要的理念之一。在中国传统文化中，"和"是中国传统思想文化的宇宙观，也是中国人最高的价值追求。它是既包括基本理念、价值，又包括运用原则和方法的一个思想体系。

1. 演进之"和"

仔细研究"和"的脉络，可以发现，在历史的发展进程中，"和"经历了一个从个别到一般、从具体到抽象的演进过程。在这个过程中，"和"的含义逐渐变得丰富和立体起来，最终发展成为中国思想领域的重要内容。最开始，"和"是音声之"和"。音和声是对立的，音声之"和"就是说音和声的呼应，"和：相应也。从口禾声。"（《说文解字》）"八音克谐，无相夺伦，神人以和"（《尚书·舜典》）中的"和"就是从它的本义出发来讲的。《道德经》中有"音声相和"的说法，就是说很多声音的一种协调的状态。

后来，"和"的含义逐渐扩大，有了"调和"之义，这是人们对"和"的本义扩展和转换而得来的结果。《尚书·尧典》中有"协和万邦"的说法，这里就将"万邦和"比作"音声和"。《左传·昭公二十年》记载了晏子关于"和"的说法："和如羹焉。水、火、醯、醢、盐、梅。以烹鱼肉，燀之以薪，宰夫和之，齐之以味，济其不及，以泄其过。君子食之，以平其心。"这里把音声之"和"扩展到了调羹之"和"。《左传·襄公十一年》称："（晋侯）八年之中，九合诸侯。如乐之和，无所不谐。"这里更加体现了"和"的含义的变化。

《礼记·乐记》中有"乐者，天地之和也；礼者，天地之序也。和，故万物皆化；序，故群物皆别"的说法，认为只有"和谐"的礼，才是礼的理想状态。同时，"和"也被用在了义之中，《周易》中有"'利'者，义之和也"的说法，意即要得到道义，就要讲究利益和道义的和谐、统一，即"利物足以和义"。后来，"和"的意思被不断扩大，有了生物之"和"。这成为"和"在原义上的重大突破，开始有了哲学意味。"生"代表生发、生长，在中国传统文化中有着重要的地位，"生"的功能与状态之间也是需要"和"的。《国语·郑语》记载周太史史伯时讲道："和实生物，同则不继。以他平他谓之和，故能丰长而物归之。若以同裨同，尽乃弃矣。故先王以土与金、木、水、火杂，以成百物。"这句话将"和"和"同"的区别主要归结为"生"。"和"所以能"生"是因为一物之"生"由多种因素构成，如果仅有一种因素是不可能"生"物的，是不可能继之以长久的。《荀子·天论》中的"万物各得其和以生，各得其养以成"也将"和"与"生"联系到了一起。对于人类周遭的自然环境，如果风调雨顺，那农业就会获得丰收；对于人类所处的社会环境，如果社会是和谐的，那人类就会得以发展。这些都应该是"和实生物"的内涵。

2. 发生之"和"

中国传统文化从源起之时起就带着"和"的基因，"和"一直牢牢地存在于中国传统文化之中。远古时期，中国的先民们在长江、黄河流域生活，这是一个相对来说比较封闭的环境，在这个环境中，先民日复一日从事着农业生产活动，日出而作、日落而息，生产自给自足又较为稳定。在这种环境中，先民们对自然规律的依赖就很强。早在夏朝时，先民们就认识到了四季交替的自然规律，并且顺应这种规律来从事生产活动，"先天而天弗违，后天而奉天时"（《周易》），因为自然规律和人们的生产生活关系巨大，先民们便更加看重对自然规律的探讨，并想办法在更多方面遵从这种规律，并将其应用到人类发展和社会发展中来，于是就形成了所谓的"天人合一"。这种中国独有的思维方式是从"象"开始的，从"象"过渡到"数"，再从"数"过渡到"理"。同时，从"象"过渡到"气"，依次展开。例如，三才、四象、五行、太极、阴阳、八卦、河图、洛书，都是从这样的思维方式中衍生出来的。但是，无论是太极，还是河图、洛书，它们的内涵都极为丰富，古人将很多事物都包含在了这些简单的图画中，甚至到现在，我们还不能完全探明它们的真意，而且直到今天，它们仍充满活力。

（二）中国传统哲学思想——"中"

贵"和"又与持"中"相联系。人的喜怒哀乐没有表现出来的那种平和的状态是"中"，而表现出来了，但不会太过，就是"和"。中，是天下之根本；和，是天下共行之普遍原则。达到中和，则天地各得其所，万物随之化育生长。可见，在中国传统文化中，"中"即事物的一种"度"，即不偏不倚，既不过度，也不不及；"中"也是人们对事物的一种态度，即既不"狂"，也不"狷"。因此，"君子尊德性而道问学，致广大而尽精微，极高明而道中庸"（《礼记·中庸》）。意即君子要尊崇道德修养而追求知识学问，达到广博境界而又钻研精微之处，洞察一切而又奉行中庸之道。可见，这种中庸之道正是中国古代社会调节社会矛盾并使之达到中和的思想观念与方法原则。

总体来说，中国传统文化中的这种"贵和持中"的思想，是中国传统文化中"和"思想的具体体现，也是中国人处世性格的显著特征。

（三）"和"与"中"的关系

"和"与"中"是中国传统文化中极为重要的思想范畴，在思想领域里，它们具有哲学上的意味。自创立以来，它们对中国人的思想方法和与人与社会与自然的相处之道，都有深刻的影响。传统文化中的"和"，就是自然和谐的意思，就是人与自然的关系融洽，尊重自然规律；人与社会的关系和谐，不行扰乱之事；人与他人的关系和谐，不损害他人的利益。孔子讲究和为贵，就是主张和推崇人与人之间和谐共处，要求人们保持社会的良好秩序与平衡。这是维护良好的社会稳定局面，实现人人和谐共处的根本思想。

四、"知行合一"观

（一）"知行合一"的提出

中国哲学家最早对"知行"问题的记录在《尚书》中可以得见："非知之艰，行之惟艰。"后来孔子、孟子、荀子等都对知行问题展开了丰富的论述。在《论语·述而》中，孔子关于"知"的观点如是记载——"多闻择其善者而从之，多见而识之，知之次也"。孟子曰："人之所不学而能者，其良能也；所不虑而知者，其良知也。"（《孟子·尽心上》）。"凡以知，人之性也；可以知，物之理也"（《荀子·解蔽》）是荀子对"知"的论述……这些丰富的论述都为"知行合一"的提出奠定了理论基础。

"知行合一"这四个字的明确提出始于王阳明。明代知名的思想家、哲学家王阳明，曾被谪贬至贵州龙场，在"知行合一"理念真正提出之前，因精通儒家、道家、佛家等学说理论，受到越来越多贵州弟子的青睐，均欲拜其门下。官员们对此高度重视，席书时任贵州提学副使，他为邀请王阳明到贵阳文明书院讲学而亲自修书。"知行合一"就是王阳明在文明书院讲学时首次提出的。他强调"知是行之始，行是知之成"（《传习录》），"知"一开始便产生了"行"，"知""行"二者不容割裂、密不可分。

王阳明对"知""行"及二者关系的观点极具新颖性和独特性，他通过多次讲学对"知行合一"理念进行传授，使民众知悉与认同，使知行分离、言行不一的不良风气被破除，对当时的社会产生了深远的积极影响，时至今日仍大放异彩。党的十八大以来，习近平总书记多次提及王阳明，评价王阳明的"知行合一"思想是中国传统文化的精华之一，并强调学习王阳明"知行合一"的思想有利于增强中国人的文化自信。"知行合一"成为习近平总书记治国理政的重要特征之一。

（二）"知行合一"的内涵

关于"知行合一"的研究近年来日益增多，各派学者有不同的观点，目前学界尚没有统一的概念定论。知与行的概念、关系是知行是否合一的前提条件，所以要揭示"知行合一"的内涵就不能离开对知、行概念的界定。

"知行合一"是哲学领域的重要思想。"知行合一"是"心即理"的实践工夫。"知"具有"知觉""感知""知识""良知"四重内涵。"行"主要指道德践履、人的实践活动，侧重于研究事物的真实存在状态，重视人的道德认知和道德实践的结合。哲学中的"知行合一"成为生存论的命题，是以生命统一性的实现为开端的，指内在之认知必见之于外在之行为。

心理学与传统哲学在"知行合一"问题方面既有重合部分又不尽相同。社会心理学中"知行合一"的"知"特指认知、观念。认知是个体对外界信息进行获取、存储、加工的内在心理活动；"行"指的是人在外界环境刺激下产生的反应，表现在语言或行为上。心理学家通过建模和实证研究人的心理机制，揭示出人的知行存在于社会大环境中，不仅受理智、情感、直觉、意志力等因素影响，还受所处环境影响的道理。这为我们探索大学生中国优秀传统文化教育的知行困境提供了新的视角。

思想政治教育与人的心理活动密切相关，从当代思想政治教育的角度来理解"知行合一"的概念是关键，也是研究大学生中国优秀传统文化教育路径的关键。在思想政治教育的过程中，知即认知，即对马克思主义基本理论和观点的理解，对中国共产党的路线、方针、政策的掌握。认知过程包括三个层次：其一，把外界提供的刺激信息和规范转化为自身的心理因素；其二，把心理因素通过媒介转化为理性观念；其三，用理性观念指导行为。吉林大学行政学院教授、系主任、博士生导师陈秉公先生明确指出："知是指受教育者对客观存在的关系以及处理和解决此类关系的原则和规范的认识。行是在知、情、意的指导、影响和支配下，在实践活动中实现自己的理想抱负和道德义务的实践行为。"

从教育属性来看，中国优秀传统文化教育属于思想政治教育的范畴。因此，厘清知行合一在文化教育中的内涵需要以思想政治教育知行合一理论为基础。概括来说，大学生中国优秀传统文化教育中的"知"指的是受教育者对客观的文化知识以及处理和解决各种文化关系的原则的认识，即深刻把握中国优秀传统文化教育的内涵，通晓传统文化典籍、文化知识、文化观念等；"行"指的是在文化认知、文化情感、文化意志共同作用下，在实践中践行优秀传统文化习俗、观念，履行道德义务。

（三）"知行合一"的理论基础

中国优秀传统文化中，众多哲学家、思想家对知行合一进行了丰富的探讨，这些探讨中就"知"与"行"孰先孰后、孰难孰易、孰轻孰重的争论较多，这些都为知行合一理论的发展提供了理论基础。马克思主义认识论中关于认识与实践的关系也即"知"与"行"的关系，其"实践决定认识、认识对实践具有能动的反作用"的观点明显体现了知行合一。中国共产党人的知行观是在充分汲取中国传统知行观和马克思主义认识论丰富营养的基础上形成和发展起来的。中国传统知行观、马克思主义认识论都是知行合一的理论基础。

1. 中国传统知行观

自古以来，中华民族对知行问题的探讨从未中断。在漫长的历史长河中，对"知""行"问题的探讨和认识很多，其中具有代表性的有先秦儒家的知行观、王阳明的知行观、王夫之的知行观和孙中山的知行观等。他们多从二者孰先孰后、孰难孰易、孰重孰轻、知行合一等方面对知行问题进行探讨。

从"轻重"角度来讨论知行的典型代表是孔子、荀子。论"知"与"行"的轻重，孔子更强调"行"的重要性。孔子对"行"的要求非常高，在孔子看来，"君子"即其"行"的标准，这也是其知行观的一个鲜明特征。如"君子欲讷于言，而敏于行"（《论语·里仁》）、"君子耻其言而过其行"（《论语·宪问》）、"其言之不怍，则为之也难"（《论语·宪问》）、"先行其言而后从之"（《论语·为政》）等，一直是世人所追求的行为规范。荀子推崇"学而知之"，认为学习和实践才是获取知识的有效途径。"吾尝跂而望矣，不如登高之博见也"（《荀子·劝学》）即其"学而知之"观。"学而知之"充分体现了荀子更侧重"行"的重要性。

从"难易"的角度来讨论知行的代表人物是孙中山。受中国传统文化和西方文化的双重影响，孙中山结合中国革命实际提出"知难行易"。孙中山的"知难"意为增强民众对"知"的重视，"行易"则旨在鼓励人们大胆去行。孙中山认为大革命失败的重要原因之一即"知易行难"观，在这种观点的影响下，人们出现了"畏行""惧行"倾向，从而使得革命的信心和勇气大减。在此背景下，他提出与当时社会上流行的知行观相反的"知难行易"说，希望人们重拾对实践的信心，增加对"行"的重视。

将知行分"先后"的典型代表是孟子、程颐和朱熹。孟子曰："人之所不学而能者，其良能也；所不虑而知者，其良知也。"（《孟子·尽心上》）。可见，孟子所提倡的"良能"与"良知"都是"生而知之"的，"生而知之"明显强调"知"先于"行"，人们的"知"生而可得，无须通过后天的学习与实践。这一知行观带有唯心主义色彩，具有一定的局限性。程颐在知行问题上也主张"知先行后"。他认为"到底须是知了方行得"，由此可知，在"知"与"行"之间，他主张知先于行。作为程颐的学生，朱熹继承了程颐"知先行后"的观点，他认为"论先后，知为先"（《朱子语类·论知行》）。程颐与朱熹所主张"知先行

71

后"观，实则将"知""行"二者进行了分离。明确将"知""行"二者合而为一始于王阳明，这也是王阳明知行观的核心思想和巨大成就。王阳明对知行合一的认识在其答弟子徐爱之问中有很充分的体现。王阳明认为"一念发动处，便即是行了"（《传习录》）。可见，他认为"知""行"是统一的。王阳明主张的"知"即"良知"，在他看来，知行合一应以良知为本体。王阳明的"知行合一"是集大成的知行观，对后世具有较大的影响力。另外，清代著名学者王夫之在对待"知"与"行"上，不赞同程朱学派将"知"与"行"分离对待，主张"知行终始不相离"（《读四书大全说》）。这与王阳明是一致的，但与王阳明相比，王夫之的知行观又有所区别。王夫之的知行观更具唯物主义倾向。王夫之曾说："今夫饮食之有味，即在饮食之中也。知其味而后安于饮食，饮之食之，而味乃知。"（《四书训义》）可见，他意在强调"知"源于"行"，认识、知识是源于实践的，在"行"的基础上才能获得和发展"知"。

2. 马克思主义认识论

中国哲学家对知行观的探讨和思考，于马克思、恩格斯而言，是对认识与实践关系的讨论。"知"对应的是"认识"，"行"则为"实践"。关于认识与实践的辩证关系，马克思和恩格斯认为：实践决定认识，实践是认识的基础，认识对实践具有反作用。

马克思主义认识论是区别于旧唯物主义的辩证唯物主义认识论，马克思反对将人的认识视为"照镜子"似的只能对外界做出消极、被动的反应这一观点，因为这种认识忽视了实践的决定作用，将实践与认识二者割裂开来。马克思主义认识论坚持认识与实践的统一，注重强调以人为主体的实践活动的重要价值，认为实践活动是一种能够将人脑中的观念变为现实存在的直接现实性活动。

正如马克思在《关于费尔巴哈的提纲》中论述的那样，"全部社会生活在本质上是实践的。凡是把理论引向神秘主义的神秘东西，都能在人的实践中以及对这个实践的理解中得到合理的解决"。

人通过实践产生的认识同时又可以反作用于实践，正确的认识促进实践发展，错误的认识阻碍实践发展。认识过程遵循"实践—认识—再实践—再认识……"的无限发展的规律，在充分把握这个规律的基础上，人的认识才能产生并指导实践的发展，才能发挥出认识的真正价值。这显示出马克思主义哲学与其他哲学的根本区别，提出了马克思主义哲学的伟大历史使命——改变世界，充分说明了马克思主义坚持革命性与实践性的统一。

马克思主义认识论是马克思主义哲学关于人类的认识来源、本质及其规律的学说，社会实践的观点和唯物辩证法思想是贯穿其哲学体系的主线。其实践与认识的辩证关系原理即知行合一理论，为中国共产党人知行观的形成提供了坚实的基础。

第四章　中国优秀传统文化与大学生思政教育的融合

中国优秀传统文化博大精深，以其独特的魅力、丰富的资源闪耀在世界的东方。青年一代是祖国的未来，高校在对其进行思政教育时，应在继承中国优秀传统文化的前提下，以马克思主义为指导，化古为今，深入挖掘中国优秀传统文化中包含的思政育人元素，以大学生喜闻乐见的方式加以引导，回答新的时代之问。本章分为中国优秀传统文化融入大学生思政教育的现状、中国优秀传统文化融入大学生思政教育的可行性、中国优秀传统文化融入大学生思政教育的意义三部分。

第一节　中国优秀传统文化融入大学生思政教育的现状

一、中国优秀传统文化融入大学生思政教育取得的成绩

（一）中国优秀传统文化逐步融入大学课堂教学

目前，课堂教学是我国高校大学生接受思想政治教育的主要形式，思想政治教育在新时代的大学生思想道德素质培养过程中具有相当重要的地位。为落实国家相关政策的要求和满足时代发展的需要，中国优秀传统文化正在逐渐融入高校课堂教学中去，主要表现在以下三个方面：首先，在课堂上更多地传授关于中国优秀传统文化方面的知识。中国优秀传统文化历经五千多年的光辉岁月，其中有很多有益的思想。而且中国优秀传统文化中还有很多小故事、小寓言以及英雄人物事迹，这些鲜明的特点使其更容易被大众所认可和接受，学习起来趣味性十足，同样也可以让大学生更好地体验中国优秀传统文化。其次，在课堂上教育模式的改变是非常重要的一个方面，教师们在讲解专业知识时，要更多地结合中国优秀传统文化中的小故事、小寓言，真正把中国优秀传统文化融入课堂。最后，高校

应注重将中华优秀传统文化的学习与实践纳入教师培养体系、教师继续教育体系和全社会终身教育体系，纳入家庭教育、学校教育、社会教育全过程。鼓励教育工作者在认真学习的基础上大胆探索，勇于实践，更好地感受和传承传统文化中蕴藏的智慧和价值。

（二）高校教师的教学理念和方式逐渐转变

在我国，教师作为教学活动的主体，其在大学生思政教育中发挥着至关重要的作用，所以教师教育理念的变化和对中国优秀传统文化的重视程度必须逐渐增强。教育教学观念的变化主要体现在以下几个方面：首先，教师改掉了照本宣科的做法，发动学生拓展教材，鼓励思辨重视传承。例如，复旦大学借助慕课和翻转课堂的有力平台推出了"思修共享课"，将课程大纲内容精炼为若干部分，由教师分别讲授最擅长的内容，浓缩出36学时的在线课程，供学生自主学习。宿舍、图书馆、教室、食堂……学生可以在任何地方进行线上学习。此外，每学期教师要定期召集不同专业背景的各小组学生进行数次面对面讨论、授课。其次，转变传统教学思路，兼顾内在效果与外在效果，把思政课建成能力训练的平台。例如复旦大学思政课团队的教师们探索出词条编纂的教学方式，设立了历史事件、思想流派、风云人物、组织政党、著作文献、核心概念等栏目，发布了100余条词条供学生协同写作，并根据写作质量计算学生的平时成绩，同时鼓励学生撰写与其承担的词条内容相关的课程论文。学生们表现出了浓厚的兴趣，甚至出现了互相争抢词条的现象。有的学生为了编纂好"生态马克思主义"这一词条，竟能顺着资料一路考察到马克思主义在中国和拉美发展的共通性和差异性，让教师们颇感意外。

（三）大学生的道德人格得到了有效涵养

1. 强化了大学生的责任意识

新时代大学生既要适应社会的飞速发展，实现自我价值的超越，又要能担起中华民族伟大复兴的重任。因此，要不断提高文化水平，塑造更加完善的人格。中国优秀传统文化一向重视"以人为本"，即"在天地人之间，以人为尊；在人与神之间，以人为本"。这些道德价值理念能够激发当代大学生的社会责任意识，促进社会整体的交流与互动，实现"修身齐家治国平天下"的伟大理想目标，创造出和谐文明的社会环境。中国优秀传统文化中蕴含的天道人伦观，对强化大学生的责任意识具有重要影响。

通过学校的管理强化了大学生的社会责任感。学校注重学生的日常生活管理，强调要培养学生良好的生活能力。利用大学生在校时间开展社会责任教育，助力学生养成良好的行为习惯。学校完善了软硬件设施，保障了学生的学习效果。在软件建设上增加与中国优秀传统文化相关的书籍和责任教育的相关音像制品，助力教师将其运用到社会责任的教学中；完善硬件设施的监控，通过提升学校内部空间设置的规划，如在楼梯、走廊等空间设置植物园和小动物角，培育大学生关爱生命、尊重自然的品德。

2. 提升了大学生的审美能力

中华民族经过几千年的发展形成了民族特有的优秀传统，其中涵盖了多重美学，讲究和谐之美、气韵之美，尤其注重审美的社会价值。大学生能够在学习中国优秀传统文化的过程中建立起理性的审美观，提高审美鉴别能力和对美的创造能力。

一是使大学生养成了崇尚自然的审美趣味。中国优秀传统文化一向崇尚自然之美。不少学生在阅读《论语》后，感受到了儒家文化的魅力；阅读《庄子》后，了解到道家文化的美；熟读唐诗宋词后，发现了独具特色的自然之美；学习山水花鸟画之后，欣赏到大自然清新脱俗的美丽。

二是使大学生建立了真善美统一的审美标准。中国优秀传统文化强调美学在伦理道德上的作用，即善与美的统一。如在面对"如何理解心中之美"时，有学生推崇李白之美，认为李白将大美大善集于一身，既有忠贞、爱国之美，又有青莲般高洁之美。

三是培养了大学生高雅脱俗的审美情趣。中国优秀传统文化对"韵"的追求是婉约高尚的。无论国画、曲艺还是书法、园林中无不体现出高雅的特点。大学生在领略这些高雅美的过程中，不断提升自己的审美标准，扭转了低俗文化带来的审美盲目化、庸俗化。

3. 规范了大学生的道德行为

中国优秀传统文化能够对大学生的责任意识、行为习惯等起到规范作用。尽管身处纷繁复杂的多元环境，大学生在社会实践过程当中都会有意识或无意识地约束和规范自己的道德行为。

中国优秀传统文化是中华民族在长期发展过程中形成的行为标准，对中华儿女产生了持续且深远的影响。《论语·颜渊》中强调"克己复礼"，这是强调在生活实践中要树立起正确的言行观；《周易》中用"天行健，君子以自强不息"

来激励大学生面临挫折险阻时，要始终拥有自强不息的勇气和精神。中华民族历史上出现的诸多模范人物为大学生树立了道德榜样。屈原"为国投江"表达自己对国家的热爱，启示大学生要怀有爱国主义精神；廉颇"负荆请罪"教会大学生要敢于承认错误，行大丈夫所为；孙敬、苏秦"悬梁刺股"，祖逖"闻鸡起舞"等求学故事都为大学生树立了刻苦学习的榜样。通过学习这些历史人物故事，不但有助于帮助大学生树立正确的世界观、人生观、价值观，而且也规范了他们的品德言行，使其在人生发展的各阶段受到深远持久、潜移默化的影响。

（四）大学生对中国优秀传统文化的了解逐步深入

在大环境的影响下，新时代的大学生正在积极地接受而且有意识地学习中国优秀传统文化。这对于他们接受更深层次的思想政治教育具有非常重要的作用。最近几年我国不少风靡一时的综艺节目中也融合了中国优秀传统文化，如《中国诗词大会》《中国汉字听写大会》《见字如面》等。观众在观看节目的同时也能学习中国优秀传统文化，还能逐步加深自己对中国优秀传统文化的学习意识。查阅资料得知，随着一大批宣传中国优秀传统文化节目的出现，在百度上搜索中国优秀传统文化、古诗等词语时，我们可以发现这些词语被搜索的次数大幅增加。这样的结果虽然不能尽归为我国在校大学生的行为，但是大学生群体在其中占很大的比例确实是不争的事实。这也从侧面印证了我国大学生对于中国优秀传统文化的了解及关注正在逐步加深。

二、中国优秀传统文化融入大学生思政教育存在的问题

（一）融入氛围有待加强

生活是传统文化最好的归宿，只有让传统文化融入大学生的实际生活，才能散发鲜活的生命力，实现润物细无声的教育目的。相关调查发现，在优秀传统文化融入过程中隐性教育的作用并不明显。

校园文化氛围不明显。尽管高校在教学设施方面投入了大量的资金，改善了大学生的学习生活环境，但是部分高校侧重于改善能够立竿见影的物质条件，如教学设施、住宿条件等，并没有加大精神文化建设的资金投入力度。此外，校园广播和宣传栏是非常有效的教育和宣传手段，但是，部分高校的校园广播大多播放国内时事热点、天气预报、音乐等，宣传栏里也贴满了各种通知单、失物招领、小广告等，校园广播和宣传栏并没有得到充分的利用。

（二）融入形式有待创新

1.传统教育模式缺乏创新

在大学生思政教育的过程中，部分教师依然占据主导地位，这种"教师讲、学生听"的课堂缺乏互动，使得学生的积极性和主动性不高，无法真正参与到课堂中。从大学生本身来说，他们拥有强烈的求知欲、丰富的想象力以及热衷于新鲜事物的好奇心。而且，当下的"00后"大学生成长于互联网时代，单一的教学方法无法激发学习兴趣并调动其积极性，难以产生良好的教学效果。部分教师在课堂中运用多媒体课件向学生展示有关图片、视频，虽然相比以往有所进步，但还是没能充分将多媒体与教学内容有机结合，甚至部分教师片面强调多媒体课件的作用，而完全依赖于多媒体，忽视了板书、语言等其他教学手段，从讲知识变成了读课件，学生对教师的教学能力产生了质疑，进而影响了教学效果。

2.实践力度不足

通常提到教育，人们的第一反应便是课堂，忽略了实践的教育价值。尤其是部分高校的传统文化教育没有注重发挥第二课堂的作用，对优秀传统文化实践活动的开展不够深入，教育过程仅仅是课堂讲授，忽视了学生在校应参加形式多样的课外活动。这样的教育是缺乏生命力的。部分高校将社会调查、实践探索纳入期末考核之中，以督促学生参与传统文化的相关实践活动，但是教师没有时间和精力监督学生，难免使活动流于形式。部分高校的社团活动通常是开展得如火如荼，但是形式大过内容，并不能使大学生真正学习到传统文化知识、体会到传统人文情怀，而且活动多有雷同且受众面又小，只针对对传统文化感兴趣的大学生，无法调动全校学生加入活动中来，在提升大学生对传统文化的兴趣上没有起到应有的作用。

3.未能充分利用新媒体

随着互联网的迅速发展，网络已成为大学生接受信息最主要的方式，抖音、微博、哔哩哔哩等社交软件占据了部分大学生的闲暇时间，使他们变成了"低头一族"。互联网渗透大学生生活的方方面面，并产生着细微而不觉但深远持久的影响，因此，必须充分运用新媒体手段推进中国优秀传统文化融入大学生思政教育。新媒体可以为大学生思想政治教育工作提供强大的功能服务，高校应善用新媒体，建设好各级各类新媒体平台。如构建校园微博和微信公众号矩阵，推动高校辅导员、思想政治理论课教师进行微信公众号建设，把握好时、度、效，提高网络思政引导力，以丰富多样的形式讲好中国故事、传播好中国声音；充分利用互动性强的即时通信工具，以学生喜闻乐见的形式发布相关信息、开展文化活动、回答热点问题等，吸引大学生自觉主动参与，以正面宣传、反面点评等方式将思想政治教育元素与中国优秀传统文化潜移默化地渗透到大学生思想当中去

（三）融入内容缺乏系统性归纳

融入内容的明确是开展教育工作的前提，只有明确融入的内容，教学工作才能顺利地进行。思想政治教育是提升大学生人文素养的主渠道，也是弘扬中国优秀传统文化的主要载体。目前，国内许多高校都开设了人文素质培养课程，如华中科技大学和华中师范大学在中国优秀传统文化的教育方面取得了一定的成果，武汉大学、西安交通大学和复旦大学的中国优秀传统文化概论课程的宣讲在大学慕课平台中得到不少回应，赢得了大学生的关注与喜爱。但就整体来看，我国部分普通高校并未达到中国优秀传统文化理想化的教育状态，甚至有些高校还出现了一些问题，如缺少思想政治教育课与中国优秀传统文化的内容衔接、融入的内容深度不足、思政课程布局缺乏科学性等。

首先，思政课程与中国优秀传统文化的融入内容深度不足，这主要归因于对中国优秀传统文化的内容挖掘度不深。中国是世界四大文明古国之一，有着丰富的文化资源，能为思想政治教育的教学内容提供补充，只有对其进行深入探索、挖掘并予以系统的整理，才能做到对其内容的精准把握。从现今的融入状态来看，部分教育者在教学中注重对融入具体方式的探索，忽略了最根本的教育内容方面的探索，导致引入内容的浅显化和表面化。同时，部分教育者对儒家文化的关注度较高，对除儒家以外的诸子百家的文化关注度较低，并且对古文的释义也仅处于表面文字理解程度，缺乏探本溯源意识，导致对理论的解读不彻底。这种流于表面的融入使思想政治教育弘扬中国优秀传统文化的桥梁作用被削弱了，彰显不出育人价值。

其次，中国优秀传统文化知识分布碎片化，在思想政治理论课教材中占比较低。对近些年高校思想政治教育的教材进行分析后得出，随着思政教材的优化更新，中国优秀传统文化的占比明显增加，教学效果也得到了显著的提升，但融合内容分布较为零散，缺乏系统的规划。从现行教材来说，就《思想道德修养与法律基础》这本书而言，针对教学内容的设置，增加了许多优秀传统文化的内容：如在讲述社会主义核心价值观的历史底蕴时，增加中国优秀传统文化的民本思想、自强不息理念等内容；在讲述中国精神时，将人文精神、中华美德等内容加入其

中，减少了固化的学术理论，增加了文化阐释，使学生达地知根。但是，这些中国优秀传统文化的内容也只是在某些章节中零星出现，并没有系统而全面地融入各个章节中。从整本教材来看，中国优秀传统文化与思想道德修养方面有些许的融合，但法律基础的部分基本没有涉及。其实中国优秀传统文化中蕴含着许多法治文化，如"诛不避贵，赏不遗贱"（《晏子春秋·内篇》）、"治大国而数变法，则民苦之"（《韩非子·解老》）、"法者，天下之程式也，万事之仪表也"（《管子·明法解》）等。在《马克思主义基本原理概论》与《毛泽东思想和中国特色社会主义理论体系概论》中几乎没有探讨到有关中国优秀传统文化的内容，其实"知行之辩"的认识论思想、"五行之说"的朴素唯物主义思想，"天下大同"的社会理想等都与这两门课程有密切的关联，但教材中并未体现，使中国优秀传统文化并未完全覆盖在高校思政课本中。

最后，中国优秀传统文化教材与课程开设中缺少系统性的联系。就教材而言，国家并未出台大学生思政教育与中国优秀传统文化统一的教材和大纲。虽然，关于中国优秀传统文化的相关专著较多，但各大高校所选教材并不一致，使内容和设置上有较大差别，导致课程开设中出现指导性和系统性后继不足的问题。就开设的相关课程而言，各大高校并未形成统一的教学体系，虽开设有"《论语》导读""《孟子》研读""中国传统文化概论"等课程，但这些课程内容较为单一，只涉及中国优秀传统文化中的一小部分内容，不能满足学生多样化的需求。就教育者而言，教师在课程教授中缺乏教学体系的建设。就受教育者而言，学生在课堂上缺乏积极性和主动性，对课程的态度仅限于学分的获得，对教学内容无兴趣、不关心。就开课范围而言，中国优秀传统文化课程的开设因人数和课时的限制，大多面对的是人文社科专业的学生，并未涉及全体学生，具有局限性。从课程开设的形式而言，以选修和网络课程为主，缺乏对该课程的重视。

（四）融入课程力度不够

课程教学是中国优秀传统文化最直接、最基本的教育方式，教育部在2014年就强调要推进中国传统文化融入教材和课程中以加强大学生的中国优秀传统文化教育。从实际情况来看，融入课程的力度有待加强。

1.融入内容不全

在大学生思想政治教育必修课中，每一门课程都与传统文化具有千丝万缕的联系，但是仅有"思想道德修养与法律基础"涉及传统文化的内容，其他课程的教材则较少提及传统文化，思想政治教育的教材与传统文化未能实现全面有机结合。中华文化包罗万象，内容极其丰富，由于时间、资源等限制无法一一铺展，因此，必须选取具有大学生思想政治教育功能的内容，而高校开设的传统文化相关选修课以语言、文学、历史为主，与大学生的生活实际距离较远，关于古代人文修养、道德教育、生活交往的内容较少，不利于大学生与传统文化产生情感共鸣，获得道德启示。

2.课程有限

尽管高校都会开设传统文化相关课程，但是与丰富多样的艺术类、外语类等课程相比，中国优秀传统文化相关课程就显得种类有限，而且在高校课程设置中，中国优秀传统文化课程大部分为选修课，供学生自由选择，其广泛性和覆盖性不高，这使得优秀传统文化教育没有涉及全体大学生。该课程的学习不具有强制性，教师和学生对其重视程度都不高，这就使得传统文化无法入耳、入脑、入心，而且选修课考查方式也较为简单，导致运用传统文化对大学生进行思想政治教育收不到预设的效果，也就难以实现原有课程设置的意义。

（五）融入效果有待改善

推动中国优秀传统文化融入大学生思政教育不仅仅是为了促进大学生传承中华优秀传统文化，更是为了用优秀传统文化涵育、滋养大学生的道德情操和价值追求。从实际情况来说，优秀传统文化的融入工作并未取得明显的效果，表现在以下几点。

1.部分大学生的道德素养不高

在中国改革开放和社会主义现代化建设不断推进的过程中，中西方各种思想相互激荡，良莠不齐的信息涌入了人们的日常生活，日益冲击着大学生尚未成形的世界观、人生观以及价值观，部分大学生的传统美德观念受到削弱，道德素养有所欠缺。一是诚信意识缺失。二是理想信念模糊。三是传统礼仪缺失。

2.大学生对待中国优秀传统文化"知行不一"

目前，尽管大学生对优秀传统文化持高度认同态度，但是，只有部分学生愿意学习、传承优秀传统文化，致使大学生对优秀传统文化的认知程度不够，存在着认同度高但认知度低、认同但不践行的尴尬局面。随着现代社会互联网的发展和生活水平的提高，大学生的生活方式和文化消费内容日益丰富多样，不可避免地弱化了他们对优秀传统文化的关注。另外，还有部分学生倾向实用主义和功利主义，尽管认同优秀传统文化的重要价值，却在实际中认为外语和计算机这一类应用型的知识在个人发展中更加重要，忽视了中国优秀传统文化对其自身发展的深远影响。

第二节　中国优秀传统文化融入大学生思政教育的可行性

中国优秀传统文化是中华民族五千多年历史岁月的文明积淀，其中蕴含着许多深刻的哲理，涉及为人处世之道、立世的价值追求以及道德理想等诸多方面。这就说明了它在教化人的思想方面有一定的作用，即优秀传统文化具有一定的思想政治教育功能。而思想政治教育作为一种对群体道德、价值观念进行规范的教化活动，无论在目的上还是在过程中都离不开文化的影响，可以说这也是一种文化传播过程。综上，优秀传统文化的思想政治教育功能和思想政治教育的文化属性，使优秀传统文化与思想政治教育相关联，使中国优秀传统文化融入大学生思政教育具有一定的可能性。

一、大学生思政教育的文化属性

大学生思政教育作为一种规范，是培育大学生良好思想道德修养、正确价值观念的实践活动，与文化有着密不可分的关系。它具有鲜明的文化属性，以下将从大学生思政教育培育的目标和过程两个方面来阐述。

一方面，从大学生思政教育的目标来看，开展大学生思政教育是为了使大学生的个体意识、思想观念与当下社会的主流文化意识形态所规定的价值体系相符合。这是一种针对大学生进行的社会主流文化的教化活动，使大学生拥有与时代倡导相符合的价值观念，有利于个人成长和社会进步。

另一方面，从大学生思政教育的过程来看，开展大学生思政教育对文化传播也具有一定的促进作用。通过开展大学生思政教育实践活动，大学生在进行思想塑造的同时，也认识到所宣传的主流文化的思想、内容，这对文化传播与建设来说也具有一定的积极意义。

二、大学生思政教育的文化功能

文化对于我们人类社会的发展以及社会的进步所起到的作用是不言而喻的，优秀的文化可以陶冶人们的情操，人们的素质会因为文化的熏陶而变得更高，从而提升自身的文化素质。思想政治教育可以通过中国优秀传统文化对人们进行潜移默化的思想教育，使得受教育者接受社会主流的思想观念。因此，思想政治教育通过对文化的融合、传承、整合来实现对人的教育。

三、文化为思政教育提供载体

思想政治教育载体指的是在实施思想政治教育的过程中，能够承载和传递思想政治教育的内容或信息，其能为思想政治教育主体所运用，是促使思想政治教育主客体之间相互作用的一种活动形式和物质实体。文化是人类生活的反映、活动的记录、历史的沉积，是人们对生活的需要和要求、理想和愿望，是人们的高级精神生活，是人们认识自然、思考自己的成果，是人的精神得以承托的框架。文化包含了一定的思想和理论，是人们对伦理、道德和秩序的认定与遵循，是人们生活生存的方式方法与准则。首先，文化拥有思想政治教育的属性。它利用自身的特点，将思想政治教育的内容传递到一定的社会中，使受教育者在潜移默化中接受思想政治教育。其次，中国优秀传统文化比较容易被大众所接受，这样使得我国的思想政治教育更加有活力、有朝气，更容易被当代大学生所认可和接受。

第三节　中国优秀传统文化融入大学生思政教育的意义

一、培育时代新人的需要

传承和发展中国优秀传统文化既是时代发展的需要，又是时代新人厚植文化自信的必要前提。历史证明，因循守旧、一成不变的文化始终无法跟上时代的脚步，最终会被时代所淘汰。时代新人正处于青春阶段，充满活力热情、想象力与创造力。将中国优秀传统文化与新载体相结合，能够展现出中华文化的独特魅力，转化出新的形式，引起时代新人的注意，高校应引导时代新人学习、传承中国优秀传统文化，并在此基础上对中国优秀传统文化进行创新。我国高等教育的育人目标之一就是要让受教育者将中国优秀传统文化的精髓内化于心、外显于行。其中，外显于行的特征之一就是具备创新能力。中国优秀传统文化之所以流传千年经久不衰，其最大的优势就在于真正做到了兼收并蓄、传承创新。要切实做好中国优秀传统文化的传承、研究和创新工作，不仅需要做好传统与时代的纵向结合，而且还要做好本土与世界的横向结合。要重新赋予中国优秀传统文化时代意义和价值，要求时代新人能够主动探求新事物，积极吸收适合中国优秀传统文化发展的一切文明成果。中国优秀传统文化中蕴含的知行合一等人文精神，要求时代新人必须时刻提出新问题、寻找新思路。《礼记·大学》中讲到的"苟日新，日日新，又日新"，就是要求时代新人要发挥这种创新能力。《周易·系辞上》也曾说过"富有之谓大业，日新之谓盛德"，就是告诫时代新人只有不断地创新，才能开辟新世界。

习近平总书记曾说过："青年的价值取向决定了未来整个社会的价值取向，而青年又处在价值观形成和确立的时期，抓好这一时期的价值观养成十分重要。这就像穿衣服扣扣子一样，如果第一粒扣子扣错了，剩余的扣子都会扣错。人生的扣子从一开始就要扣好。"这在一定程度上表明了时代新人的价值追求决定了国家的价值追求。要求我们必须充分运用中国优秀传统文化的道德教育资源，做好时代新人"三观"的正确引导工作。习近平总书记指出："要认真汲取中华优秀传统文化的思想精华和道德精髓，大力弘扬以爱国主义为核心的民族精神和以改革创新为核心的时代精神，深入挖掘和阐发中华优秀传统文化讲仁爱、重民本、守诚信、崇正义、尚和合、求大同的时代价值，使中华优秀传统文化成为涵养社会主义核心价值观的重要源泉。"对时代新人而言，中国优秀传统文化宝库的珍贵思想精髓最能滋养他们的心灵，为他们补好"精神之钙"。

二、实现大学生全面发展的需要

首先，将中国优秀传统文化融入大学生思政教育，能增强大学生的文化自信。在融入过程中，通过为大学生讲解优秀传统文化的形成过程、历史发展脉络、内容特点，阐述中国优秀传统文化的鲜明特色、精神理念、宝贵价值，以认知促认同。只有完全了解才能高度认可中国优秀传统文化，真正增强文化自信。其次，将中国优秀传统文化融入大学生思政教育，能提升大学生的思想道德水平。中国优秀传统文化在育人过程中潜移默化地影响大学生的道德选择和行为，帮助他们形成良好的思想品德。最后，将中国优秀传统文化融入大学生思政教育，能提高大学生的人文素养。学习中国优秀传统文化的丰富内容，可以使大学生积累人文知识，拓宽知识面，完善已有的知识结构，提升人文素养，展现良好的气质修养和精神面貌，为个体的长远发展奠定基础。

三、弘扬中国优秀传统文化的必然需要

当今世界，文化已经成为衡量一个国家综合实力的关键因素，是一个民族创造力和凝聚力的重要体现。一个国家要想在竞争中立于不败之地，就必须把文化

发展摆在突出位置，尤其是对自身民族文化的发展。中国优秀传统文化是我们中华民族的精神基因，是每个中国人的血脉所在，更是我们进行社会主义建设的重要精神支柱，我们需要对其进行继承并发扬。作为大学生，肩负着实现中华民族伟大复兴的重大使命，也有着传承中国优秀传统文化的责任。而将中国优秀传统文化融入大学生思政教育中，就使中国优秀传统文化的宣传有了具体的载体，贴近了大学生的实际。在思想政治理论课堂融入中国优秀传统文化，使大学生在课堂上了解中国优秀传统文化的内涵意蕴，有利于加深对中国优秀传统文化的认知。在日常思想政治教育中融入中国优秀传统文化，有利于大学生在实践生活中，感知中国优秀传统文化蕴含的深厚思想，加强其感染力。总之，中国优秀传统文化通过融入思想政治教育，可以贴近学生课堂、贴近学生生活实际，使之走出书本，走进具体实践，有利于加强学生对其的认同感和体悟感，有利于提高学生继承和发展文化的主动性。

四、提升民族文化自信的现实需要

文化自信是一个国家、民族对自己文化的内心充分肯定以及对文化的积极践行，这对民族文化的发展有积极的促进作用。习近平总书记在庆祝中国共产党成立 95 周年大会上的讲话中指出"全党要坚定道路自信、理论自信、制度自信、文化自信"。文化自信，是更基础、更广泛、更深厚的自信。在中国特色社会主义道路建设中，民族文化自信起到精神支持和引导的作用。如果一个国家或民族对自己的文化失去信心，那么在经济发展和社会建设方面也不会有很大的成就。

中国优秀传统文化内容丰富、历史悠久，其中蕴含的文学艺术、科学技术、思想观念等，对现今的社会发展仍有指导和借鉴意义。而人们尤其是当代大学生只有了解后才能真正地理解文化的深刻意蕴，而不是只停留在书本的简单介绍上。将中国优秀传统文化"生活化""具体化"，使其走出浩瀚书海，走进当下实际，不仅有利于加深大学生对其内容的认知，更有利于提高大学生内心的认同感，从而促进大学生民族文化自信感的建立。而将中国优秀传统文化的精髓应用于针对大学生的思想政治教育工作中，就是将其具体化的过程，有利于让丰富的思想精髓重新走进人们的生活，发挥其新的时代价值，从而进一步提升人们的民族文化自信感。

五、创新思想政治教育工作的必然选择

随着我国对外开放的不断发展，我国与各个国家之间的文化交流日益频繁，

中国优秀传统文化走出国门的同时，西方的一些文化思潮、价值观念也随之传入。这其中有一些有益的思想，但也充斥夹杂着一些不良的价值观念，给人们尤其是高校大学生带来了一定的影响。而高校大学生作为国家未来的建设者和接班人，他们的思想价值观念正确与否，对其个人发展和社会进步都具有重要影响。因此，我们必须做好大学生思想政治教育工作，发挥好其对大学生政治思想的引领作用，使大学生成长为合格的社会主义建设者。无论是高校思想政治理论课，还是日常针对大学生的思想政治教育，都要加强工作思路、方法的创新，时刻注意结合学生实际和时代发展的要求。而中国优秀传统文化中蕴含着许多宝贵的精神思想，将其融入大学生思政教育，有利于丰富大学生思想政治教育的内容，增强其工作的实效性。一方面，中国优秀传统文化融入思想政治教育理论课可以为许多理论添加历史实例，使理论知识的讲述更加生动，易于学生理解。另一方面，中国优秀传统文化融入大学生思政教育活动中，能够加深大学生对深厚文化内涵的了解，促进他们思想的转变，使思想政治教育工作更具针对性。

六、提高思想政治教育实效性的现实需要

中国优秀传统文化蕴含着世代相传的德育理念和传统美德，是思想政治教育取之不尽、用之不竭的教育源泉。我们通过"长风破浪会有时，直挂云帆济沧海"学会了豁达豪迈，通过"千磨万击还坚劲，任尔东西南北风"学会了坚强刚毅，通过"出淤泥而不染，濯清涟而不妖"学会了高洁正直，通过"莫道桑榆晚，为霞尚满天"学会了积极进取……中国优秀传统文化所蕴含的家国理想、所倡导的价值理念、所推崇的道德规范，至今仍闪耀着智慧的光芒，发挥着思想政治教育功能。中国优秀传统文化是从人民群众的生产生活中产生的，是有情感温度的文化积淀，润物细无声地影响着每个中国人的思想观念和行为选择。在开展思想政治教育工作时，根据教育目标选择适当的国优秀传统文化进行融入，将会唤醒大学生内心深处的文化基因，让思想政治教育接住地气、灌注底气，增进大学生对思想政治教育的情感认同和心理认同，进一步提升思想政治教育的吸引力。值得一提的是，中国优秀传统文化研究人与人、人与社会、人与自然的问题，这是无论何种社会、何种阶段都会产生的共性问题，因此，它对于当今大学生解决实际生活中面临的问题依然具有重要的启示借鉴意义。高校教育者应鼓励大学生从中国优秀传统文化中寻找解决问题的钥匙，同时也能极大提高思想政治教育的说服力。

七、培育和践行社会主义核心价值观的要求

随着网络信息社会的到来，互联网成为文化融汇的媒介，各国文化在网络中交织并行、相互碰撞和交锋，世界文化发展呈多元化趋势。作为网络信息时代的主体，大学生的思想意识和性格特点较为复杂多样，加上他国文化渗透的影响，使得部分大学生的思想状态摇摆不定。中国优秀传统文化中的价值理念是经过历史积淀后被全国各族人民普遍认同的，以中国优秀传统文化的价值理念为引领，使大学生对社会主义核心价值观有更深层的理解，同时也能让社会主义核心价值观发挥育人作用。

社会主义核心价值观是从三个层面进行阐释的，不同层面的价值理念也各不相同，但总体来说，都蕴藏着中国优秀传统文化的影子，是对其价值理念的升华。习近平总书记强调，培育和弘扬社会主义核心价值观必须立足中华优秀传统文化。社会主义核心价值观以中国优秀传统文化为底蕴，吸收借鉴其中的思想精髓并与我国具体国情相结合，凝练出符合当前社会发展的价值理念。它是中国优秀传统文化价值理念的现代阐释与延伸。

社会主义核心价值观是新时代赋予高校的重大课题，是高校思想政治教育的价值指引，是大学生将社会主流思想内化于心、外化于行的关键一环。我国近年来发展迅速，经济、航天、医疗、公共卫生等领域都有了突破性的进展，国际地位飞速上升，世界影响力逐渐扩大。这些成果得以实现归咎于中国优秀传统文化中的民族精神，它是我国人民勤劳勇敢、艰苦奋斗的精神支柱。所以在高校思想政治教育中，要以中国优秀传统文化为教育资源，追溯社会主义核心价值观的理论源头，将其融入思政课堂的教学中，使学生厘清社会主义核心价值体系的来源以及走向，有助于大学生提升价值认知，并将价值理念内化于心、外化于行，实现从理论到实践的飞跃。

八、建设和发展社会主义文化强国的必然要求

建设社会主义文化强国的前提条件是提升文化软实力。文化软实力是一个国家和民族在世界文化中的影响力和辐射力，在国家软实力中占据重要地位。中国优秀传统文化是文化强国历史根基最直接的展现，是给予中华儿女民族自信的基石。因此，建设和发展社会主义文化强国就必须在中华文明中找寻道德滋养，挖掘其中有价值的资源，正视中国优秀传统文化的现代价值。

中华民族在几千年的历史中创造和延续的中国优秀传统文化，是中华民族的根与魂。文化是一个国家的力量之源，文化兴则国运兴，文化强则民族强。中华

文明是世界上唯一未曾中断的文明，经过历史的变迁，仍历久弥新、薪火相传，被誉为世界文化史上的奇迹。中国优秀传统文化是中华文明的精髓，其中蕴含的丰富文化资源是古代先辈的智慧结晶，体现着中华民族的精神和气魄，是增强国人文化自信的理论基础。在社会主义建设中，我们应以中国优秀传统文化为理论基石，培养自身的文化自信力，为文化强国战略目标的实现打下坚实的基础。

大学生是中华民族未来的希望，也是传承中国优秀传统文化的主要群体，他们必须对中国优秀传统文化的发展有极为清晰的认知。学习和探索中国优秀传统文化，能使大学生丰富文化素养，增强文化认同，树立文化自信。思想政治教育工作者作为高校意识形态工作的中坚力量，要自觉承担起中国优秀传统文化的传承重任，在日常教学中加入中国优秀传统文化的相关内容，通过讲述中国优秀传统文化，培养大学生的文化自信。

增强文化自信，实现建设社会主义文化强国的目标离不开思想政治教育与中国优秀传统文化的融合，二者融合能够增强大学生的文化凝聚力和民族认同感，为实现建设社会主义文化强国强基固本。

第五章 中国优秀传统文化融入大学生思政教育的内容

中国优秀传统文化是中华文明的魂，它蕴含的丰富道德理念为一代又一代中华儿女提供精神依托和心灵居所，成为新时代背景下大学生思政教育的重要源泉。本章分为核心思想理念、中华传统美德、中华人文精神三部分。

第一节 核心思想理念

一、革故鼎新，与时俱进

"革故鼎新"一词源于《周易·杂卦》："革，去故也。鼎，取新也。"所谓"革"就是要去除旧的，"鼎"是要树立新的，革故鼎新是用来形容事物发展先后相续、承前启后变化的过程，也就是俗语中"旧的不去，新的不来"。革故鼎新并非一味抛弃传统的、旧的东西，去创造一个没有根基的"空中楼阁"，而是要在尊重历史发展的前提下，消除阻碍社会发展的错误思潮，对符合现代发展规律的优秀思想精神进行融合创新。正是对于革故鼎新、与时俱进精神的遵循，中国优秀传统文化的传承强调推陈出新、兼容并蓄。

历经风雨传承千年的中华文明是一代又一代中华儿女通过艰苦奋斗而铸就的。中国优秀传统文化是中华文明的具体表征，它代表着千百年来中华人民思想的共通性，是随着时代更迭不断创新完善、与时俱进、历久弥新的思想精华。它蕴含的民族精神和人文精神是中华民族的精神瑰宝和力量之源。习近平总书记指出，对待中国优秀传统文化要"有鉴别地加以对待，有扬弃地予以继承"。并不是所有的传统文化思想都可以传承，我们应以发展的眼光区别看待传统文化，对守旧文化和守旧思想予以剔除，对优秀传统文化进行大力学习并以旧引新。同时还要加强中国优秀传统文化的时代性，促使其与时俱进，并符合现代社会的发展需求。只有将中国优秀传统文化不断与现代社会相结合，才能使其适应时代和社会的发展，焕发出新的生机。

高校思想政治教育工作者不但要学习"革故鼎新，与时俱进"的观念，而且还要将其贯彻落实在教育教学中，实现教育方法和教学模式的革新。同时，不要忽略教学中的创新意识，通过话语创新、课程模式的转变、不同载体的运用等新兴教学手段，实现思想政治教学方式的创新。通过教学内容的与时俱进和教学方式的创新，使中国优秀传统文化充分发挥出其思想政治教育功能，为思想政治教育工作固本培元。

二、脚踏实地，实事求是

"脚踏实地"一词首次出现于宋代《邵氏闻见前录》中，但其思想精神古已有之，如"天下难事，必作于易，天下大事，必作于细"（《道德经》）、"临河而羡鱼，不如归家织网"（《淮南子·说林训》）、"读万卷书，行万里路"（《画禅室随笔·卷二》）等，这些古代诗文都呈现出同样的理念，即做事要脚踏实地、实事求是，只有踏实稳步地前行，才能成就一番伟业。现今，"脚踏实地"多与"实事求是"连用，表示面对问题时要从实际情况出发，稳扎稳打，立足基本。"实事求是"也是中华优秀传统美德，它首次出现在班固的《汉书·景十三王传》中，用来称赞河间献王刘德认真学习的态度。其实在春秋时期实事求是的精神就已经初现，孔子在教导弟子时讲道："知之为知之，不知为不知，是知也。"（《论语·为政》）即人无论面对什么事情都要秉承实事求是的精神，不虚夸事实。孔子不但要求其弟子遵循实事求是的精神，对自身的要求亦是如此。他实事求是地说自己并非天生聪颖，而是喜欢前人留下的古书，通过每天认真翻读学习思考和领悟理解才有今日所成。"实事求是"一词虽未在孔子的语录中有所展现，但是其精神时刻出现在孔子的传教治学中。

我们要学习中国优秀传统文化中"脚踏实地，实事求是"的精神，将其与大学生思政教育相融合，通过二者的融合让大学生学习中国优秀传统文化知识、厘清历史发展的脉络、增强对中国优秀传统文化的认同感。

三、克己修身，慎独自省

"克己"属于"修身"的范畴，同样存在于其范畴内的还有"慎独"与"自省"。"克己"是指规范自身的行为，达到节制的目的。孔子说："克己复礼为仁。"（《论语·颜渊》）即控制自身的欲望与言行，遵守规章制度、道德法纪，才能达到仁的目的。他认为，凡事都要克制从自身利益出发的想法，要换位思考，站在别人的角度去看问题，做到"非礼勿视，非礼勿听，非礼勿言，非礼勿动"（《论语·颜渊》），从语言、行动到视听都要遵守礼法规章，若每个人都能用"克己"来约束自身的行为，那么人人都能达到至善成为君子。

"修身"属于一个大的范畴，是社会道德关系的中心，它涵盖许多概念与精神。"古之欲明明德于天下者，先治其国；欲治其国者，先齐其家；欲齐其家者，先修其身；欲修其身者，先正其心；欲正其心者，先诚其意；欲诚其意者，先致其知，致知在格物。"（《礼记·大学》）这是对于"修身"的详细论说，这里将修身作为核心，具体来说，修身的具体方式是格物、致知，修身的个人内在追求是诚意、正心，克己修身的目的是齐家、治国、平天下。在人际交往中，修身也是重要的一环，孔子说："其身正，不令而行；其身不正，虽令不从。"（《论语·子路》）只有先修身使自己拥有良好的道德品质，才能要求他人遵从道德规范。

"修身"与"慎独"是辩证统一的关系，它们在理论概念中是截然不同的，但在思想意识中又能找到二者的关联点，"慎独"作为"修身"中极其重要的精神，是"修身"的最高境界。"慎独"概念最早出现在《礼记·中庸》中，讲述的是君子就算孤身一人，身处在别人看不到的地方仍要保持敬畏之心常自查，严格要求自身的行为。"慎独"就是要保持头脑的清醒，坚定自身信念，防止思想受他物影响而滋生愚念，是一种严格自律的表现。

"自省"就是对自身的反省，时刻检查自己是否遵从道德法纪，反省自身的缺点并予以改正。孔子和曾子的理念都印证着"自省"是完善自身道德修养的必由之路。

无论是克己修身，还是慎独自省，都是为了提升自身的道德修养，实现人向美向善的发展。高校思想政治教育要将中国优秀传统文化作为切入点，将"慎独自省，克己修身"的精神融入高校思政课教学中，加强学生的思想引导工作，让学生在学习知识内容的同时学会从小事做起，坚守自身道德底线，严于律己、宽以待人，从而提升自身的道德情操。

第二节　中华传统美德

一、中华传统美德的内涵

中华传统美德源远流长、博大精深，学术界对中华传统美德的定义尚未统一。要厘清中华传统美德的实质，须先对"中华""传统"和"美德"的概念及相关问题有基本的了解，并明确其语义。

"中华"在《辞海》的解释中可以概括为所统辖的疆土的地理空间。中国近现代民主革命家章炳麟进一步剖析指出，"中国云者，以中外别地域之远近也。中华云者，以华夷别文化之高下也"（《章太炎文录初编·别录卷一·中华民国解》），突出表明"中华"不仅是国家的地域名称和血统的名称，而且是富有文化底蕴的。相较于"中国"，"中华"一词更具有涵盖力和开放性，蕴含着悠久的历史文化，凸显了中华民族祖先繁衍生息的文化思想。

"传统"初有"系统相传，传其血统"之意。《后汉书·东夷列传》记载："自武帝灭朝鲜，使驿通于汉者三十许国，国皆称王，世世传统。""传统"在《辞海》中指由历史沿传下来的思想、文化、道德、风俗、艺术、制度以及行为方式等。第一种含义将其引申为中国封建专制统治世袭制，封建专制已退出历史舞台，自然这层意思是止步不前的状态。第二种含义是对现在而言的过去，沿传过去的风俗、道德等，是一种延续发展的状态。同时要明确不是所有传统风俗、道德等都能延续发展，在封建时期，代表统治阶级意志的传统思想才可以被留传。传统思想的延续离不开社会的发展与变迁，也依赖于传统思想自身的强大生命力。儒家的优秀思想在时代的发展中有着重要的作用，主要表现在重视社会和谐、品德修养、遵守秩序等方面。道家主张顺其自然、自然无为，对社会政治、经济、文化、生态起到了一定的作用。这些称得上是弥足珍贵的文化思想遗产。可是，以儒家、道家学说为主体的文化在整体上是传统的文化，当代中国的发展不是回归传统，而是走向现代化，那么就要与传统有所区别，"告别"阻碍现代化发展的传统道德文化，取其精华，去其糟粕，继承并创新传统文化中的精华部分，使之与现代文化完美地结合。

"美德"在《现代汉语词典》中的含义是美好的品德。在生活中，美德表现为良好的品德或者优秀的生活习惯，是蕴含于内又能表现于外的品性，能够帮助个体产生追求卓越道德行动的向往，是一种合乎人类最高理性标准的理性和智慧。美德与道德存在一定的渊源。道德指品行与气禀、风俗及习惯。在汉语中，道德是由道和德所构成的合成词，引申其意即成就德性的路径探索。从中国历史发展进程看，封建社会过渡到社会主义社会，传统道德大多依托于儒家、道教、佛教的文化，美德依存于道德的发展。从道德的发展史看，随着经济水平的提高，善与恶、美与丑、前进与落后交织其中，也使得道德现象变化多样、矛盾重重。但是，不管道德发展过程多么曲折，最终的结果是人类道德的发展是呈现螺旋式上升、进步发展的状态。其中一个重要的因素就是美德共生共长，崇尚善与美的理念在经历时代洗礼的大环境下能够被传承和发展。道德是对人们日常生活行为的普遍引导和判断尺度，是人的社会实践活动的底线。美德是在底线上应该出现的行为，是在一定的物质基础和情感基础上的表现和张扬，同时美德是一种值得赞扬的精神。

中华传统美德所代表的时间长度和内容广度是持久且深厚的，但并非所有在中国历史上出现的文化或道德都可以称为中华传统美德。从其内容看，要存在重要现实价值；从其生存状况看，要富有强大生命力，能够通过传承和发展得以积淀、保存和延续，实现与现代文明的融合，并能发扬无穷魅力。中华传统美德是中华儿女历经五千多年历史文明发展，通过社会实践经验总结，以"仁义礼智信"为道德本源核心，从"修身""齐家""治国""平天下"方面规范着人们的伦理生活，从而成为合乎人类最高标准的理性和智慧。中华传统美德是中华儿女特有的精神根基，是构建社会主义核心价值观活的源泉。

二、中华传统美德的特点

五千多年文明涵养出的中华传统美德是推动中华民族持续发展的灵魂根基。穿越千年时空，传统美德仍闪烁着耀眼光辉和时代魅力，具有以下鲜明特征。

（一）传递性和恒久性

中华传统美德的形成是以特定时期的特有优秀文化为养料的。所谓传递性即指后一时代的传统美德是在吸收借鉴前一时代的传统美德的基础上演变而来的，前后具有一定的传递关系。构造符合新时期新需求的新社会道德，自然不能脱离旧时期的传统美德，在经济发展水平相同或者几乎相同的发展阶段，道德规范或多或少地出现相互一致。可以看出，虽处在文化历史发展的不同阶段，但传统美德或多或少地都存在着不可避免的联系，且这种联系并非主观存在物，而是客观存在物。所谓恒久性，一是指中华传统美德以自身独有的美好品质悄无声息且长期持久地影响着一代代人的生产方式和生活方式，这种影响主要体现在人际关系的处理上；二是指传统美德作为维系中华儿女生活的精神支柱，具有长久的价值取向，既为人们的生存发展提供一条智慧之路，又不会因时代和社会制度的变更而消失。

（二）时代性和序列性

所谓时代性，是指一个民族的思想观念和道德行为受特定历史时代和社会制度的约束与影响，被深深地打上时代的烙印。但由于时代发展变化，传统美德的具体内涵在不同时代也会发生更替，如"忠孝"美德在古代封建社会强调无条件地服从君主统治和父母安排，而现今社会的"忠孝"是有节制的，即要符合现今社会伦理纲常的要求，拒绝盲目"忠孝"，这就体现了时代性特征。

当确定了某个时代的具体传统美德时，我们就会发现其会呈现出序列性特点，即当代社会传统美德是存在序列差异的，需视具体场合而定。在某些情况下，爱国美德高于诚信美德；但在某些情况下则相反。最初的传统美德是没有序列之分的，后来因为时间、地点、条件等的发展变化，传统美德在实际应用中有了侧重点，呈现出序列性。

（三）包容性和开放性

中华传统美德内涵丰富，其历经千年而生生不息和博大精深的关键在于它具有独特的包容性。

首先，从传统美德的发展脉络看，在不同时期，存在不同的美德；在同一时期，各种美德共生。在春秋战国时期出现思想"百家争鸣"情景，反映了当时文化的繁荣与发展。

其次，传统美德的包容性还表现在兼容并蓄，与外来文明求同存异。佛教源于印度，在公元1世纪传入中国，主张大爱大善的菩萨道精神。在发展传播过程既实现了佛教的本土化，即中国化的佛教；又凝聚了儒学和道教思想文化，在宋代时期发展成为理学思想，为中国传统文化融入了新的内容，促使中国传统文化更加灿烂。中国传统文化与中华传统美德正是因为其包容性，吸取了各民族优秀文化的新鲜血液，才进一步增加了生命力和先进性。

传统美德的基本内容确定之后，在此基础上吸收借鉴其他国家、地区、领域的优秀文化来充实提升自身，即体现了其开放性特征。我国历史上发生过两次文化大交汇、大交融，第一次是佛教传入中国，我国并没有全盘吸纳，也没有故步自封，而是将儒家文化与其融汇；第二次是西方文化进入中国，其所倡导的自由、平等的思想精华被传统文化所用。中华传统美德善于博采众长，在吸收借鉴不同思想倾向、价值取向的基础上相互碰撞，实现双方的互动与进步。

三、中华传统美德的内容

（一）刚直持节，清正廉洁

"刚直"意指刚毅正直，"持节"意指保持节操，在处理个人与国家关系时，倡导不为权贵所屈服，保持内心的坚定信仰；清正廉洁指品行端正，为人清清白白，为官两袖清风，"清正"与"廉洁"并不是独立存在物，廉洁的人必定拥有清正的品质。南宋末年政治家、文学家文天祥和晚清北洋海军爱国将领邓世昌始终心怀祖国、不为权贵倾倒、置生死于不顾等都是刚直持节、清正廉洁的体现，启发我们在各种诱惑下保持清醒的政治立场，启发国家净化党内风气，形成"绿色"政党。

（二）公忠正义，忧国忧民

"公忠"强调为人公正和对国家忠诚，"正义"强调代表人民利益，前者是思想层面的道德理念，后者是实践层面的行为方式；"忧国忧民"意指为国家和人民的前途命运而担忧，是爱国主义精神的重要体现，其根植于对祖国和人民的深沉热爱与高度负责，视祖国和人民的前途与命运高于自身。在奋力实现百年目标的新时期，继承公忠正义和忧国忧民的美德精神，将有利于我国雄踞21世纪伟大民族之林。

（三）勇毅力行，中正乐群

"勇毅"意为勇敢坚毅，"力行"意为努力行动。勇敢坚毅作为一种优秀的道德品质，是"力行"的前提；努力行动作为一种行为方式，是"勇毅"的保证。两者协同发挥作用才能建设美好社会。"中正"指为人正直，做事不偏不倚。"乐群"指与朋友相处自然得当，没有违失。勇毅力行、中正乐群作为一种优良的道德规范，我们在实际生活的方方面面应做到真正践履，才能发挥其潜移默化的影响力。

（四）诚实守信，仁爱宽容

"诚实守信"中的"信"为关键，要求为人处事诚实且守信用，信任他人的同时也获得他人的信任。"仁爱"指宽仁慈爱，"宽容"即我们常说的"宰相肚里能撑船"，指人拥有宽宏的气量，不与他人斤斤计较，启发我们在与他人相处时，不仅要学会自爱，更要学会关心爱护他人。诚实守信、仁爱宽容是博大胸襟的表现，是对芸芸众生的肯定与尊重，是彼此相亲相爱、和平共处的道德原则，是我们必须强化的美德意识。

（五）尊老爱幼，兄友弟恭

"尊老爱幼"由来已久，意指对长辈恭敬、对晚辈爱护，不仅要尊敬爱护自己的父母与子女，更要推己及人，尊敬爱护他人的父母和子女。"兄友弟恭"即哥哥对弟弟友爱，弟弟对哥哥恭敬，兄弟关系的好坏直接反映出家庭风貌的优劣。家庭美德教育关系着祖国下一代能否扣好人生第一粒扣子，加快培育尊老爱幼、兄友弟恭的美德步伐是题中之意，更应将其推向全社会，形成"四海之内皆兄弟"的美好景象。

（六）夫妻和睦，勤俭持家

"夫妻和睦"即夫妻之间相互尊重、相互体谅，营造和睦的家庭氛围。夫妻关系在家庭关系中占据核心地位，夫妻恩爱是婚姻美满的前提，也是孩子健康成长的保障。"勤俭持家"意味着在勤于劳作的同时也要对劳动成果加以保护珍惜，只有又勤又俭，才能积累财富。夫妻和睦、勤俭持家是家庭的立家根本，是创造美好生活的重要前提。

（七）刚健有为，自强不息

中国优秀传统文化蕴含的进取意识是中华民族克服重重阻碍，披肝沥胆、勇往直前的不竭动力，是中华民族精神的精粹所在，在五千多年的漫长历史发展进程中发挥着不可替代的独有效用。《周易》载："天行健，君子以自强不息。"其意为天体虽历经不断更迭，但依旧持续运行。同时，也鲜明地反映出人与自然的关系，强调人应如宇宙间的天体一样永远充满生机和活力，不断发展革新、刚健有为，不断突破艰难险阻、持续向前，推动自身的提升与进取。自强不息作为中国优秀传统文化中始终如一的基本特质，无数文士墨客、学者、政治家用实践行动将其诠释得淋漓尽致，不仅有夏代的大禹治水、祖逖的闻鸡起舞、孙敬的头悬梁、苏秦的锥刺股、孙康的萤囊映雪，也有孙子列兵法、仲尼作《春秋》、韩信囚秦乃作《说难》等，他们作为中国古代的典范，忍受着常人无法忍受的苦难，凭借顽强的意志克服重重困难，始终砥砺前行，最终成就一番宏图伟业，激励着一代又一代国人为国家的发展奋斗、前行。

刚健有为作为中国优秀传统文化中进取精神的重要组成部分，是人们处理各种关系的总原则，是中国人积极人生态度的最集中的理论概括和价值提炼。《论语》载："刚、毅、木、讷，近仁。"《周易》载："刚健中正，纯粹精也。"刚健而文明，对刚健精神进行赞美、阐扬，将刚健视为宝贵的品质，与"中正"和"文明"相衔接，要求人们在处事过程中要具备迎难而上、不惧艰难的刚健精神，但也应不卑不亢、不骄不躁，秉持中正原则，方能取得一番成就。中国古代关于刚健进取的记载数不胜数，如孔子的"发愤忘食，乐以忘忧""敏于事而慎于言"、孟子的"天将降大任于斯人也，必先苦其心志，劳其筋骨，饿其体肤"、曹操的"老骥伏枥，志在千里"等都是刚健精神的生动体现。概言之，唯有刚健进取才能获得发展，发愤图强方能铸就辉煌，刚健进取这一精神绵延至今，仍熠熠生辉，在教育教学中仍有不可替代的价值，需要不断传承和发扬。在高校思想政治课教学中，应密切衔接能够充分反映中国优秀传统文化的史学典籍、英雄事迹、名人名言、典故等，不断加深大学生对中国优秀传统文化中进取精神的理解和体悟，帮助大学生塑造刚健有为、自强不息的优良品质，使他们摆脱无所事事、碌碌无为等消极观念的影响，形成积极进取、艰苦奋斗的态度和精神，不断进行自我教育，对大学生的成长和发展具有重要的理论意义和现实意义。

（八）见利思义，务实敦厚

"见利思义"即看见财货要联想到道义，这是处理群己关系的准则遵循，当物欲追求和理想道德相矛盾时，坚持先义后利、义以为上的原则。"务实"一是指致力于真实存在的具体事情，二是指讲求实际；"敦厚"指性格温和，为人忠厚老实。作为中国优秀传统文化的展现，培养见利思义和务实敦厚的个人美德，以期达到人伦道德和精神世界的双重升华。

（九）崇德向善，见贤思齐

由于市场经济和外来文化的不断冲击，导致我国社会中出现了以利益关系矛盾为特点的诸多社会道德问题，但中华传统美德里的崇德向善和见贤思齐为中国的社会风尚定下了基调，即"人皆可以为尧舜"的精神追求和择善而从、反躬自省。仁作为孔子思想的核心，不仅体现在政治层面，而且也体现在道德层面。仁从字形上可以看成两个人，而人人都处于各式各样的社会关系之中，所以社会中必然有仁的道德，正所谓"己欲立而立人，己欲达而达人"（《论语·雍也》），所以我们要向德才兼备的人物学习，虽然不同的历史时期对于人格与品德的衡量标准有所差异，但对于德才兼备的要求却始终不变。

中国传统知识分子恪守着"以铜为镜，可以正衣冠"（《旧唐书卷七十一》）

的标准，日复一日地对品德进行锤炼。民国时期，李大钊在北京大学任教，而学校一定要特地预留部分工资交予他夫人，因为他经常接济需要帮助的青年学生，只有这样才能使他的家庭生活得以正常维系，在他身上体现了中华传统美德中无私奉献的高尚品德。而当下，随着公共生活的活动范围和内容更加广泛、开放，坚守道德并非易事，更需要人们拥有坚定的信仰与崇高的理念。张桂梅在受人非议、受病痛折磨的情形下始终如一、迎难而上，帮助上千个贫穷的姑娘走出大山，进入大学，像一盏灯照亮孩子们的梦想。中国知识分子的优秀品格与民族气节需要坚守与延续，不断续写着华夏瑰丽乐章。

社会生活中的方方面面都体现着中华传统美德中的社会风尚，大学生把握和践行崇德向善和见贤思齐是一个需要长期砥砺的过程，所以大学生思政教育要将把大学生培育为拥有高尚道德情操的人作为根本任务，积极鼓励大学生向有德的人虚心学习，以期实现弘扬真、善、美的目的，真正做到"明德惟馨"（《尚书·周书》），正确处理好人与社会的关系，并且不断丰富自身的精神世界。当代大学生不仅要遵守社会公德里的文明礼貌和遵纪守法等内容，而且也要学会正确使用网络工具，积极加强网络文明，要与全社会一起努力，创造一个良好的网上道德氛围，真正实现"明大德，守公德，严私德"。

四、中华传统美德的当代价值

对于中华传统美德的历史价值，很多人并不否认。但是，对于中华传统美德的当代价值，当前仍然存在一种"已经过时"的论调，对中华传统美德的当代价值予以否认。但实际上，在传统美德体系的深处仍然蕴含着优秀的民族文化，并不会随着时代的发展与变迁而湮灭，而是具有普遍且恒久的意义。无论过去还是现在，中华传统美德都有其永不褪色的时代价值。当前，我们所能做的就是结合新的实践和时代要求，从国内和国际两个向度出发，对传统美德进行客观的审视、考量、汲取、转化和创新，实现中华传统美德的现代传承与发展。

从国内向度看，中华传统美德所蕴含的丰富思想道德资源为新时代加强思想道德建设奠定了深厚的文化底蕴。中华传统美德可以润泽新时代公民的向善心性，这是因为中华传统美德所蕴含的仁者爱人、讲信修睦、俭自守约、中和泰和等基本精神传承千年，已经成为中华民族精神，因而能够始终激励着中国人民崇德向善、奋发向上；中华传统美德可以催发公民规则意识的生成，这是因为中华传统美德本质上是一种道德规范，是人们需要传承和把握的人伦规则，在这个意义上，中华传统美德中敬畏规则、尊德敬礼的价值渊源为今天公民规则意识的生成提供了创新转化的思想资源；中华传统美德可以助推新时代公民道德建设的实现，这是因为中华传统美德所蕴含的优秀伦理道德传统为新时代公民道德建设提供了丰富、生动的支援性资料，是道德建设的不竭源泉。今天，我们所倡导的社会主义核心价值观，在一定意义上就是对我国传统价值观的概括与升华。

从国际向度看，综观整个世界，虽然世界人民的物质生活甚至精神生活与之前相比都有了极大的丰富，但是，伴随着生产的发展，人们同时也面临着一系列不易调和的矛盾与冲突，如贫富差距扩大、国际局势动荡不安、生态失衡、信仰危机等。对于这些世界性难题，我们不仅要"向前看"，探索未来有可能的解决方案，还应"向后看"，借鉴历史上的经验与智慧。在这个意义上，中华传统美德所蕴含的天下为公、和谐相处等思想理念无疑可以为解决这些难题以及构建人类命运共同体贡献中国智慧。自古以来在，中国人的精神世界里就对大同世界有着无限的憧憬与追求。中国传统儒家倡导"大道之行也，天下为公"（《礼记·礼运》），主张"协和万邦"（《尚书·尧典》）、"协恭、和衷"（《尚书·皋陶谟》）、"四海之内若一家"（《荀子·议兵》），中国传统墨家倡导"兼相爱，交相利"（《墨子·兼爱下》）。这些思想理念历久弥新、熠熠生辉，对于处理国与国之间的关系，构建"你中有我，我中有你"的人类命运共同体具有重要的启迪意义。

第三节　中华人文精神

人文精神也就是现在所说的精神文化，它关注的是人类价值与精神，是对理想人格的一种塑造。人被誉为万物之灵的其中一个原因就是人拥有精神文明。人文精神是中国优秀传统文化中最基本的精神，它影响着华夏儿女的精神气质、品性德行等，同时能为高校思想政治教育工作的开展提供有力支撑。

一、中华人文精神的内涵

从哲学意义上来说，人文精神是一种具有普遍意义的人类自我关怀，其表现形式为对人的价值的肯定、对人的尊严的维护、对人的命运的追求与关切，以及对人类千万年来传承文化的高度重视。在中国传统理念中，"人文"这一词语最早出现在《周易》中："刚柔交错，天文也；文明以止，人文也。"这里的"文"实指纹理，引申来说是指各种各样的规则。故而言人文即社会意义上的各类人事规则、原则；而人文精神即在社会活动中以人为中心的社会精神。人文精神的核心是"以人为本",换而言之,即把人放在重要的位置上,尊重人的价值,实现人文关怀。这种精神是构成一个民族、区域文化的核心内容,亦是衡量民族文化软实力的重要尺度。

从本质上来说,中华民族传统人文理念是一种以人为中心的发展理念,其关注点在于现实的人与人生问题,古往今来各家学派皆以重视现实的人生为共同点。其目的在于发扬人的个性价值以及对于社会人生意义的追求,并由此内化进而形成中华民族的文化—心理结构。远在先秦时期,人文随着尊神重鬼为主导的"重人""敬德"思想而生,而后汇合成中华文化主流的各家学派皆以人间论常、社会制度为务,进而发展为封建纲常伦理,成为中华文明主要的价值取向。

从内涵的角度来看,人文精神蕴含着一种内在超越性的精神实质,作为一种在人类生存发展进程中不断演变的价值理念,其本质是基于对人类实践经验的具体把握而对社会文明进行的反思突破,这实际上就是对人文超越存在的一种肯定。此外,人文精神蕴含着丰富的时代意义和传承意义,常常伴随着时代的更替而焕发不一样的光彩,并且不断被赋予新的时代定义;而其传承意义在于经过一代代人对自然界的改造所形成的人文积淀造就了今日各民族人文精神的绚烂多彩,也更加丰富了人文精神的内涵。

二、中华人文精神的内容

(一)中庸中和、求同存异的处世方法

构建和谐社会是中华民族千百年来的理想追求,这种构想展现出我们国家对于"和"文化的重视,"和"文化被誉为中华人文精神的核心。中华民族的处世之道讲究的是"中庸中和、求同存异",简单来说,就是世间无完全同等的人,每个人都存在自身的差异性,我们在与人相处时,应舍弃差异性,寻求一致性,达到和平相处的目的。

古代在讲述人与人之间的相处时,强调"贵和尚中",即以和为贵,强调中庸。"和"即和谐、协调之意。孔子云:"礼之用,和为贵。"(《论语·学而》)孟子云:"天时不如地利,地利不如人和。"(《孟子·公孙丑下》)《管子》一书中将和合精神作为道德素质的体现,认为学习和合思想就能提升道德修养,若天下人民相互合作达到和合与共,就能拥有解决一切问题的力量。关于"中",《礼记·中庸》中记载:"执其两端,用其中于民。"这里的"中"即中正、适中的意思。"中"和"和"合起来就是"中和",所谓"中和",《礼记·中庸》中这样记载:"中也者,天下之大本也;和也者。天下之达道也。致中和,天地

位焉，万物育焉。"达到中和的境界，天地就归为原位，万物都可生长。"贵和尚中"思想在我们民族中早已深入人心。但在遵从和谐的处世之道时，也要注重和谐的不等同性，即"求同存异"。所谓"君子和而不同，小人同而不和"表现的就是社会之间的不等同性，只有在各种思想的互相碰撞中，社会才能达到平稳，若只存在一方的趋炎附势，那么社会的公平面将单方面歪斜，社会将变成小人的世界。因此，我们在遵循"中庸中和"时也要注重"求同存异"。我国崇尚和平，每个人从小都受到和平思想的影响，注重团结协作，和谐友爱。

近些年，受国际社会背景的影响，资源紧缺，社会竞争加剧，大学生群体难免遭受不良因素的影响，部分同学之间关系淡薄、争名逐利，甚至因一些小事大打出手等。面对这样的情况，高校思想政治教育者作为大学生思想的引领者，应该以中国优秀传统文化的中庸中和、求同存异理念作为教育内容，帮助大学生建立群体之间的交往新模式，引导其建立和谐的人际观系，使人际交往向和谐面发展。简而言之，将中国优秀传统文化中有关和谐的思想融入高校思想政治教育中，有助于大学生集体主义的培养与和谐人际关系的建立，从而对社会主义和谐社会的建立起到助推作用。

（二）仁爱共济、以人为本的处世观念

在中国优秀传统文化中，处事思想始终占据着一席之地。仁爱共济和以人为本作为处事思想的精华，在绵延千年的历史长河中熠熠生辉、影响深远。"仁"作为处世思想，为很多思想家所推崇，被诸多著作所记载，广为流传，深受世人的推崇，被世人所践行。"仁"是指仁者爱人，具体而言，应对万事万物，无论是人还是事物都应存有尊重与包容之心。正是由于这种包容之心的存在，才能使社会中的每个因素通过相互作用结合在一起，实现互相成就、和谐共存。

《论语·雍也》载："夫仁者，己欲立而立人，己欲达而达人。"不要对他人过于苛责，而应设身处地地站在他人的立场看问题、做决定，多包容、理解他人。

《论语·学而》载："泛爱众，而亲仁。"我们要广泛地去爱亲人、朋友，亲近那些有仁德的人，也要尊重德行深厚的贤人，并极力倡导"博施于民而能济众"（《论语·雍也》）的精神，即尽己所能为黎民百姓谋求福祉，将更多恩惠和帮助给予人民群众。同时，"仁"与"礼"关联甚密，克己复礼方为仁。每个人应时刻约束自身的言行，使每件事都归于"礼"，方可达到仁者的境界。孔子认为，礼的实现立足于仁的基础，是仁爱思想的外在行为体现，亦是形成仁的重要基础。同时，"仁"与"宽恕之道"不可割裂，两者相辅相成，同向同行。所

谓"宽",是指拥有宽广胸襟和气度,不斤斤计较,包容差异和不同;所谓"恕"则体现为宽恕他人,感同身受地理解他人,不把自己的思想强加于他人。

《论语·卫灵公》载:"君子求诸己,小人求诸人。"《礼记·大学》对其进行了细致阐述:"君子有诸己而后求诸人,无诸己而后非诸人。"孔子教育弟子要做品德高尚的人,凡事总是自己先做到,然后才要求别人做到,如若自己先不这样做也不应要求别人这样做。《孟子·尽心上》中也有相关论述,如"强恕而行,求仁莫近焉"。这与《论语》的内容大体一致,均强调"恕",唯有"恕"才能达到"仁"。

"以人为本"作为处世思想的重要组成部分,发挥着不可替代的作用。所谓"以人为本",其要旨在于以人为中心和目的,要充分关注人的生命和价值,切实尊重人格,人在世间万物中居于核心地位,人的一切行为都必须紧密围绕如何实现自身价值,凸显其地位与作用。中国古代多个典籍对此有着较为详尽的、深入的论述,诸如《尚书·泰誓上》载:"惟天地万物父母,惟人万物之灵。"将人置于万物之灵的地位,这为后来的"以人为本"思想的提出奠定了理论根基,提供了依据。此后,管仲正式提出应该"以人为本",这与此后对其解释的含义大体一致。孔子认为"天地之性,人为贵"(《孝经·圣治》),强调应重视人格尊严,并肯定人的人格尊严。孟子对此进行发扬,将其推上以道德为本位的高度,孟子提出"民为贵,社稷次之,君为轻"的民本思想,将人民置于首位,只有百姓安居乐业,国家才能安定。荀子提出"舟君民水"的思想,将君王比喻成舟,而将百姓比喻成水,只有水平稳流淌,舟才可稳步前进。这一论述将人民群众视为江山社稷之根本,没有人民这个牢固的基础,国家就不会安宁,"以人为本"的重要性和地位显而易见。后来,无数思想家、政治家、哲学家都对民本思想进行阐释和发扬,张载的"为生民立命"、白居易的"邦之兴,由得人也"(《策林·辨兴亡之由》)、朱熹的"国以民为本"(《四书集注》)、孙中山的"国家之本,在于人民"等,都为传统的民本思想注入了新的血液,推动这一思想不断发展。总的来说,无论是仁爱共济,还是"以人文本",都是处世思想的核心部分,在后世广为流传,发挥着不可替代的作用。当今,在高校思想政治课教学中,注重对大学生进行处世教育已经成为必不可少的重要一环。在新时代背景下,高校越发注重学生如何与人相处、如何与社会相处,即注重对大学生适应社会能力的培养。为此,在高校思想政治课教学中,应将中国优秀传统文化的处世哲学融入其中,大学生不仅可以收获知识,而且也可以获得实践上的体悟;不仅有利于让大学生理解每个人是社会中的一员,从而担负起社会赋予的责任,也有利于增强大学生的民族自信心和认同感，对传承和弘扬中国优秀传统文化大有裨益。

（三）文以载道、以文化人的教育观念

古人常说"文以载道、以文化人"。"文以载道"表明文化除了育人之外的另一个功能就是"载道"。"文以载道"，即文章作为道的载体，就仿佛车作为人的载体一样，如果车不发挥其作用，车轮和车饰再好也无用。简单来说，就是文章的作用就是要表达其意，不直抒胸臆的文章，语句再华丽都是无用的。在现代表述中，文以载道已经成为我国相沿成习的一个成语，强调文化的社会功能。"以文化人"的"文"指的是先进的文化，"化"是变化的意思，后来《管子》中的"化"变为"教化"之意，即"渐也，顺也。靡也，久也。服也，习也，谓之化"。其中强调的是文化的教育功能。通过上面的表述，展现出的实质教育应将优秀文化作为内容，通过文化作为媒介，从而达到育人目的，最终实现"化人"和"人化"的统一。

新时代背景下"文以载道、以文化人"中的"文"是有中国特色的文化、"道"是中国特色社会主义的康庄大道、"人"是人民，它的价值追求就是为中国特色社会主义的建设培养人才。文化育人的理念是我国一直推崇的，它讲究文化的教育功能，通过文化教育感染人、影响人。习近平总书记将文化育人和思想政治教育紧密结合起来，指出高校思想政治教育的方向就是更要注重以文化人、以文育人。

高校是培育社会主义建设者和接班人的主要场所。培育怎样的人，是当前思想政治教育的首要问题。习近平总书记指出："世界上最难的事情，就是怎样做人、怎样做一个好人，要做一个好人，就要有品德、有知识、有责任，要坚持品德为先。"这句话为高校思想政治教育育人提供了前进方向，同样也彰显出"文以载道、以文化人"的目的所在。中国优秀传统文化拥有强大的生命力，能为高校思想政治教育工作带来创新指引，将中国优秀传统文化融入其中，符合"以文育人"的特点，是新时代高校思想政治教育工作落实"文以载道、以文化人"的必由之路。在思想政治理论课中融入中国优秀传统文化的内容，不仅能达到滋养大学生内心、优化大学生行为的目的，而且还能提高思想政治教育的感染力和渗透力，为实现"三全育人"的目标打下坚实的基础。

（四）天下兴亡、匹夫有责的爱国主义

爱国主义是中华民族伟大精神的核心，其贯穿于民族精神的各个方面。团结统一、爱好和平、勤劳勇敢、自强不息之精神，均体现出爱国主义这个思想主题。

无论在任何时代、任何阶段，爱国主义都是动员与鼓舞中国人民团结奋斗的一面思想旗帜，都是中华民族风雨同舟、自强不息的强大精神支柱。

中共中央办公厅、国务院办公厅印发的《关于实施中华优秀传统文化传承发展工程的意见》开宗明义地指出，"中华优秀传统文化蕴含着丰富的道德理念和规范，如天下兴亡、匹夫有责的担当意识，精忠报国、振兴中华的爱国情怀"，将"天下兴亡、匹夫有责"和"精忠报国、振兴中华"的爱国主义精神置于首位，其重要性不言而喻。

中华民族历经数千年风雨洗礼，跨越无数坎坷，仍然能屹立于世界民族之林，为构建多元文化体系贡献智慧、提供支持，体现出强大的生命力和凝聚力，这都源于中华民族始终将爱国主义置于核心地位，数代中华儿女均自觉地传承与弘扬中国优秀传统文化蕴含的爱国主义精神。中国优秀传统文化中的爱国主义思想凝聚着几千年来中华儿女对自己民族的一种深厚的感情，饱含着对国家的高度热爱和崇敬之情，紧紧将中华儿女连接在一起，凝结成最坚实的纽带，激励着志士仁人为之奋斗，书写出无数可歌可泣的篇章。

无论是在国泰民安的朝代，还是处于内忧外患的朝代，志士仁人都将爱国主义诠释得淋漓尽致，令世人惊叹。无论是范仲淹"先天下之忧而忧，后天下之乐而乐"的情怀、陆游"位卑未敢忘忧国"的悟性、文天祥"人生自古谁无死，留取丹心照汗青"的气概，还是林则徐"苟利国家生死以，岂因祸福避趋之"的斗志、孙中山为建立现代化国家的高声呼吁和积极践行、鲁迅"寄意寒星荃不察，我以我血荐轩辕"的豪情，抑或是周恩来"为中华之崛起而读书"的奋斗目标，这些话语均表达出真诚炽热为国家的大无畏的奉献精神，均以天下为己任、以兴邦救国为使命，表达出对国家的赤胆忠心。将中国优秀传统文化中的爱国主义精神全面纳入高校思想政治课教材中，融入高校思想政治课教学中，对大学生进行爱国主义教育，提升大学生思想觉悟，使大学生不断增进并逐渐体悟到"天下兴亡、匹夫有责"的爱国主义精神，逐渐意识到虽然处于和平时期我国的"民族复兴、国家富强"之路仍然面临着各种挑战，布满荆棘，仍需一代又一代的中华儿女勠力同心，为之不断努力奋斗。

（五）追求大同、天下为公的社会理想

中华民族对于社会大同的追求自古有之，大同的"大"有宏大、广大之意、"同"表示共同、协同。孔子对"大同社会"是这样阐释的："大道之行也，天下为公，选贤与能，讲信修睦。"他对大同社会进行了三个层面的叙说。首先，

社会的财富属于大家，是共有的。其次，社会的秩序需要有才德的人进行管理。最后，人与人相处要讲究和睦。孔子耗费一生周游列国宣传其思想，为的就是实现各国和睦相处、天下为公的目标，是谓大同。大同社会是历代先贤最高的社会政治理想，是勉励子孙后代为此奋斗的精神食粮。近代中国对于大同社会的追求也是存在的，康有为写出《大同书》希望中国摆脱当时贫困的局面，走向幸福安定的生活，这种对大同社会勾画的蓝图，是一种美好的憧憬和希望。

现今社会，习近平总书记在继承中国优秀传统文化中"大同"思想的基础上，提出了"中国梦"的构想。这与古代"大同梦"不同，"大同梦"提出的背景是农耕文明时期，由于缺乏物质基础和实施条件，"大同梦"带有严重的乌托邦色彩。"中国梦"的提出，不但延续了中华民族长久的精神夙愿，而且还具有直接现实性。现代中国不但拥有强大的物质基础，而且还有丰富的精神文明，能为"中国梦"的实现提供有力支撑。"中国梦"不单单有益于中国，还要造福于世界，习近平总书记对于"大同社会"的思想延伸还体现在"人类命运共同体"这一理念上，他倡导世界各国互利互惠、文明互鉴、生态共治，达成新型友好的合作关系，为世界和平提供"中国方案"。

思想政治教育是传达国家政策和方针的窗口，为了使大学生更好地了解"中国梦"和"人类命运共同体"的理念，我们应将中国优秀传统文化中的"大同"思想融入大学生思想政治教育中，通过阐释大同社会的起源和发展，促使大学生增强对"中国梦"和"人类命运共同体"理念的理解，为实现民族复兴和世界大同的目标而发愤图强。

（六）以和为贵、和谐共生的文明思想

以和为贵是中国优秀传统文化的又一重要组成部分，"和谐"思想是中华民族文化的精髓与灵魂，是中华文明的重要精神标识之一。回溯历史可以发现，"和谐"散见于传统文化之中，其存在于每一个基因当中。儒、道、释家均对其进行了解读与阐释。儒家主张人际的中庸和谐，因而以儒入世；道学推崇天人间的一体和谐，因而以道治身；释宗认同身心间的圆融和谐，因而以佛治心。相比较而言，儒学对"和谐"的阐释更为深入，形成了完备而现实的理论体系，是中国优秀传统文化的主流思想。儒家"和谐"思想内蕴深厚，涉猎广泛。《周礼》载，应用"礼""以和邦国，以统百官，以谐万民"。将"和谐"理解为人民安居乐业，国泰民安。此后，《老子》中的"万物负阴而抱阳，冲气以为和"，对"和谐"这一词语进行了进一步拓展和完善，将其与自然界联系起来，万物有其运行

规律，但彼此能共同发展，即和谐。《墨子》中记载的"是以内者父子兄弟作怨恶，离散不能相和合"，这一论述对和谐进行了不同的解释，将和谐视为人际交往的准则，强调人际和谐。由此可见，"和谐"包含三层意蕴，既是人与人交往的准则，也是人与社会交往的法则，更是人与自然相处的法则。

第一，"以和为贵"是人与人交往的准则。《论语·子路》载："君子和而不同，小人同而不和。"大意为人与人之间不可避免地存在矛盾，在处理人与人之间的矛盾时应秉持和谐原则，应中和矛盾，积极寻找共同点以解决矛盾。《礼记·中庸》中亦有相关论述："致中和，天地位焉，万物育焉。"在处理矛盾时，要坚持中和，绝不偏袒任何一方，而是对矛盾点进行调节，在此基础上，双方最终达成共识。《孟子·公孙丑下》载："天时不如地利，地利不如人和。"其将人和与天时、地利并置，并高于两者，将人和的重要性表达得淋漓尽致。唯有彼此宽容、真诚以待，才能真正实现人际关系的和谐。

第二，"以和为贵"是人与社会交往的准则。每个人都处在社会之中，是社会中的一员，人与人之间只有交往融洽，才能推进人与社会和谐，形成宗族和睦、民族团结、国家安定的和谐局面。《尚书·尧典》载："克明俊德，以亲九族。九族既睦，平章百姓。百姓昭明，协和万邦，黎民于变时雍。"只有先使家族亲密和睦，在家族和睦之后，还需辨明其他各族的政事。在宗族的政事辨明之后，仍需协调万邦诸侯，天下众民也次第变得友好和睦起来。将宗族、诸侯、国家三者紧密相连，最终达到"协和万邦"的境界。古代中国的对外交往中将"和谐"贯穿始终，无论是官方主导的郑和下西洋，还是源自民间的玄奘西游取经、鉴真东渡扶桑等，这些真实存在的史实不仅是华夏民族与其他国家、地区与民族和平共处、积极发展文化教育交流和友好关系的历史见证，也是协调各国与各民族间友好关系的生动体现。可以说，"和谐"是人与社会交往的准则，下可达宗族、民族层面，上可至国家层面，在处理事务、加强联系、增进友谊、构建和谐相处的局面中发挥着重要作用。

第三，"以和为贵"是人与自然相处的法则。古代哲学家、思想家将人与自然和谐相处的状态称为"天人合一"，儒家认为"天地万物一体"，道家亦有相似观点，认为"天地与我并生，而万物与我为一"，儒家和道家都将天地万物与人视为一体，故而概括为"天人合一"。针对"天人合一"的教育思想，古人对其进行了较为详尽、具体的论述，正如《礼记·中庸》载："万物并育而不相害，道并行而不相悖……此天地之所以为大也。"意即万物同时生长于世间而彼此不相妨害；日月运行四时更替而并行不悖，这便是宇宙自然的基本法则。换言之，万物都有其自身的运行规律，但彼此之间相互联系，共同构成了整体，实现了万物间的和谐。荀子则提出了"天人相分"的观点："天行有常，不为尧存，不为桀亡。"（《荀子·天论》）荀子将天视为不受人的意识支配的自然法则，同时进一步阐释人应该充分发挥主动性，积极认识和把握规律。宋代思想家张载对"天人合一"思想进行系统化、规范化的论述。他将天地视为父母，认为世间万事万物是由天地所化生的，人的本性也是由天地所决定的。其不仅阐明了人类社会应遵守的伦理准则与人们应该遵守的自然界法则，而且也指出了自然对人类的约束作用。概言之，人类对于自然应该给予尊重、敬畏和爱护，顺应自然规律，秉持友好、和善的态度与自然相处，最终实现万物和谐共生。"以和为贵，和谐共生"这一文明思想内蕴丰富，不仅涉及人与人，而且也涉及人与万物，可谓包罗万象，丰富多彩。因此，应将中国优秀传统文化融入高校思想政治课教学中，大学生通过学习并领悟"和谐"思想的内涵，养成与人和谐相处的意识，形成包容他人、设身处地地站在他人的立场思考问题的优良品德。同时，还可以让大学生树立尊重、保护与敬畏自然的生态文明观念，并最终形成与世间万物和谐相处的文明生活习惯。

第六章　中国优秀传统文化融入大学生思政教育的途径

我国历史悠久，拥有丰富的优秀传统文化教学资源，这些资源是现代大学生需要掌握的重要知识。当前，在优秀传统文化教育过程中出现了一些问题，这些问题亟须解决。因此，需要创新教学方式，将优秀传统文化融入大学生思政教育中，帮助更多的大学生了解优秀传统文化，掌握优秀传统文化，促进优秀传统文化的发展。本章分为中国优秀传统文化融入大学生思政教育的阻碍、中国优秀传统文化融入大学生思政教育的机制、中国优秀传统文化融入大学生思政教育的措施三部分。

第一节　中国优秀传统文化融入大学生思政教育的阻碍

一、传统文化自身特征的影响

一方面，中国优秀传统文化内容丰富、数量庞大，选择合适的内容融入高校思想政治课教学难度比较大，需要耗费很多的时间和精力。中国优秀传统文化是在中华民族五千多年的发展历程中，在与我国各民族文化和世界各国文化的交流、碰撞中形成的，因此中国优秀传统文化包罗万象，既包括哲学、宗教、价值观念等抽象内容，又包括文学艺术、科学技术、传统建筑、风俗习惯等具体的呈现形式。并且中国幅员辽阔，受地理环境、历史因素等的影响，形成了各具特点的地方文化。

另一方面，中国优秀传统文化主要以文言文的方式传承至今，与我们现在使用的白话文在语言表述上存在差异，在教学中运用优秀传统文化素材对教师提出了更高的要求，对很多教师而言是个不小的挑战。不论是教材中的优秀传统文化内容，还是教师自己搜集的传统文化素材，在时间和空间上都与学生的实际生活距离较远，学生理解起来有一定难度。因此，受中国优秀传统文化自身特征的制约，在将其融入高校思想政治课教学过程中存在内容开发不足、效果不佳等问题，优秀传统文化没有充分发挥出在助力立德树人教育目标落实中的作用。

二、高校的优秀传统文化教育体系不完善

（一）我国部分高校人文教育基础相对薄弱

我国部分高校制定的专业培养目标大都是以技能培养为主，并没有对人文教育培养的目标及要求进行具体明确，存在着一定程度的"重专业、轻人文，重智育、轻德育"的倾向。这部分高校往往只重视培养专业素质好、创新能力强、科研业绩多的学生，对学科之外的传统文化、社会伦理、道德美德培育等人文因素问题缺少关注。即使有的学校开设了自然辩证法、中国特色社会主义理论体系等人文科目必修课，但因缺乏层次性和系统性，对学生人文素质的培育仅仅停留在知识层面的传授，并没有做到深入人心，将人文知识内化为人文素质。

（二）高校从事优秀传统文化教学的教师匮乏

随着经济的发展、生活水平的不断提高，国人对精神文化的追求也越来越丰富。中国优秀传统文化越来越受到国人的关注，社会上也出现了一大批文化名师。高校也设置了一些教授传统文化的教师，但整体数量和传统文化素养均有待提高。

三、社会环境的负面影响造成的冲击

时代在进步，社会在发展，人们了解世界的手段逐渐增多。纷繁复杂的多元文化圈让中国优秀传统文化的传承受到文化复古主义、历史虚无主义、功利思想等错误思潮的影响。

"互联网＋"时代的到来，为人们的日常生活提供了便利，如共享汽车、滴滴打车、网络购物、移动支付等，互联网为中国优秀传统文化的传播提供了新的平台，网络的兼容性使历史虚无主义也有机可乘。同时，互联网环境繁杂不易监管，处于互联网前端的大学生易受不法分子的煽动。

现今处于社会主义市场经济的发展和完善期，它为人民带来了极为丰富的物质生活，同时也使部分人产生追逐物质利益的心理，在某种程度上造成功利思想泛滥。

四、思政教师的优秀传统文化素质有待提升

一方面，有些高校思想政治课教师仍然采用传统的填鸭式教学方法，而不强

调双向互动，这就导致学生的积极性不高或者理解程度不够；另一方面，有些高校思想政治课教师自身缺乏对中国优秀传统文化知识的了解，无法向大学生更为深入地讲授蕴含中国优秀传统文化要素的相关知识点。中国优秀传统文化在现代社会起到哪些作用？其价值和意义体现在哪里？这是我们现在所关注的问题。因此，高校思想政治课教师必须树立正确的道德和价值观念，从中国优秀传统文化中汲取营养，然后传授给大学生。

第二节　中国优秀传统文化融入大学生思政教育的机制

一、健全政策引导机制

开展中国优秀传统文化教育本身就是提升高校思想政治教育工作质量的具体内容，也是落实"立德树人"根本任务的关键一步。梳理中国优秀传统文化的发展历程不难发现，政府颁布相关政策文件是最直接最快速的方法，如教育部的《完善中华优秀传统文化教育指导纲要》的出台直接为优秀传统文化的发展做出了方向指引，提供了发展动力。因此，必须加强政策引导与支持，以政府政策文件为着力点，突出中国优秀传统文化的重要地位，明确高校加强优秀传统文化教育的任务，倡导针对不同阶段学生的特点进行具体规划和设计，把中国优秀传统文化贯穿学生成长的全过程和各领域，有效发挥其蕴含的思想政治教育价值。同时，国家要在基础设施建设、传统文化教育实践基地建设、传统文化资源保护等方面加大经费支持力度，为高校发挥优秀传统文化教育主阵地作用提供保障，高校应充分整合高校师生教育资源和科研力量，有效发挥中华优秀传统文化在大学生思政教育中的功能，从而推动中央相关政策的顺利落实。

二、健全激励机制

激励机制是指通过一定的手段和方法，端正教研队伍动机、调动教研队伍工作热情和创新积极性、挖掘教研队伍潜能等，以保证融入方向并引导教研人员行为朝着所期待的目标前进。毋庸置疑，激励的内容包括物质激励和精神激励，激励的形式包括正激励和负激励。因此，健全激励机制也应从激励的内容和激励的形式作为切入点，来激发教研队伍的创新活力。

（一）健全正激励机制

正激励的内容主要包括物质激励、精神激励。比如物质激励，对中国优秀传统文化融入大学生思政教育教研能力强、做出突出贡献、表现良好的教研团队或个人，可以给予更多的科研项目申报、外出培训考察、评优评先、职务晋升等方面的激励，以使教研队伍保持持久的创新活力，并形成良性创新循环。

（二）健全负激励机制

负激励机制主要是对懈怠、敷衍了事或出现不良动机及偏离目标方向行为的教研队伍或个人进行批评和惩罚，在形成高压震慑的同时，倒逼教研队伍或个人从思想到行动都朝着所期待的目标前进。主要包括物质处罚、荣誉处罚、政策处罚、舆论处罚等。

正激励或负激励，在其措施上要坚持适度原则、做到公平合理；激励标准要具体细致，做到赏罚分明；奖惩举措要切实可行，做到公开透明，尤其要形成多样化激励手段。

三、强化法律保障机制

通过法律的指引和保障使优秀传统文化在现代社会有效传承、长期发展，已成为国家的基本义务和责任。推动中国优秀传统文化融入工作的顺利进行，强化法律保障是必由之路。强化优秀传统文化教育的法治保障既是全面依法治国的要求，又是引导中国优秀传统文化规范发展的内在需要。

首先，以宪法为引导，深入探索中国传统文化融入高等教育方面的法律制度，加快立法进程，公开征集社会意见，提升文化发展的参与感，以受教育者的需求为出发点和落脚点，健全相关法律法规，同时，可要求大学生积极传承中国优秀传统文化，承担中国优秀传统文化传承发展的相应责任。用法律武器巩固文化发展成果，为传承发展中国优秀传统文化奠定法制基础。

其次，在加强法律法规的制定的同时，也需要加强其执法力度，对已成文的传统文化教育政策要坚决落实到位，贯彻其具体措施，严厉打击侵犯、破坏优秀传统文化的行为，使优秀传统文化传承工作有法可依，有法必依，违法必究。

最后，加强法制宣传教育，深入解释宣传《中华人民共和国文物保护法》《中华人民共和国教育法》等法律法规，使普法过程成为中国优秀传统文化教育的过程，推进大学生信法、依法、守法。时代日新月异，社会不断进步，还要根据客观环境和现实要求完善相关法律法规，努力做到立法的完整、系统、科学。

四、构建教学评价机制

在中国优秀传统文化融入大学生思政课的教学中，要注重评价机制的应用和拓展，就需要树立时代所需的评价理念，采取多元丰富的评价形式和构建覆盖面广的评价内容，通过多渠道、多形式来构建中国优秀传统文化评价机制，以此来提升中国优秀传统文化融入大学生思政课教学的质量。

（一）树立时代所需的评价理念

立德树人是教育工作的根本任务，是教育现代化的主旋律。在 2017 年的全国高校思想政治会议上，习近平总书记指出，"立德树人"是学校的根本任务。在学校教育实践中，立德树人只有通过人格引领、道德感化、情操示范方可落实。因此，必须深入切实积极地推动习近平新时代中国特色社会主义思想进教材、进课堂、进头脑。在高校思想政治课教学中，应树立和遵循"以人为本"的教学理念、评价理念，在对中国优秀传统文化融入高校思想政治课的教学评价中，要以教师、学生为中心，从二者的实际情况出发，研制并出台一套能够"看得见、摸得着"的实用性较强的教学评价方案。其不仅要具有可提升的空间和持续向前发展的动力，而且也要与高校思想政治课的教学现状相吻合、一致，不可与之割裂、分离。唯有深刻认识到高校思想政治课教学评价的目的不是大学生的成绩，而是大学生的身心发展，中国优秀传统文化才能高质量地融入高校思想政治课教学中，大学生在这一过程中才能受到熏陶，道德素养也能得以提升，人格也能得以升华。

（二）采取多元丰富的评价形式

高校思想政治课评价要以学生为本位，运用多种评价方式和方法，构建多元化的评价模式；要与教育的现代化发展目标相吻合，不断提高中国优秀传统文化融入高校思想政治课的效率与质量，需要将过程性评价与结果性评价相结合、将自我评价与他人评价相结合，多方面开展相对科学、系统的评价。

第一，建立过程性评价与结果性评价相结合的评价方式。中国优秀传统文化融入高校思想政治课教学的课程评价，应将过程性评价与结果性评价相结合。一是要重视对大学生发展过程的阶段性评价，可以从课堂表现、课外实践活动参与度等角度评价大学生对于中国优秀传统文化的学习兴趣和接受程度。在这一过程中，通过对大学生思想状态的观察了解和掌握大学生的思想政治素质与道德素质，对他们的思想政治素养进行评价。二是要注重对大学生发展过程的结果性评价。结果性评价是指大学生对于中国优秀传统文化接受程度和思想政治教育内容学习效果的评价。通过月考、期中考、期末考等考试形式，了解大学生对思想政治理论的掌握情况以及他们的分析问题和解决问题的能力。此外，还可以通过参与社会实践活动、撰写中国优秀传统文化的课程论文等形式，对中国优秀传统文化融入高校思想政治课教学的效果进行检验和评价。

第二，采取自我评价与他人评价相结合的评价方式。一直以来，对大学生进行评价往往以教师为主，但每个教师评价的学生数量过多，不可能对每个大学生的各个方面进行全面评价，并且教师在评价过程中存在主观性，故而很难对大学生的思想素质和道德行为做出完全正确、恰当的评价。为此，需要多方主体参与对大学生思想道德素质进行评价，帮助和引导他们树立正确的世界观、人生观和价值观。一是自我评价。大学生对自身之前和现在的思想道德素质进行评价，这有利于调动他们的积极性，使他们逐渐认识到自身的不足，并不断进行改正和发展，激发自身的发展动力，提升道德文化修养。二是同伴评价。大学生在学校期间与同伴相处的时间最长，学生们可以依据评价标准，以小组为单位对组内的每一个成员进行评价，在学生相互评价过程中，从别人身上学到优点，不断修正，提升自身的素质。三是家长评价。积极参与孩子思想道德品质的评价，是家长参与学校管理的重要手段和渠道。家长通过孩子在家的学习态度、学习情感、创新能力、道德意识等方面对其进行评价，把评价结果反馈给教师，便于教师与家长沟通学生的学习与生活情况，最终联动推进高校思想政治课的调整和完善。

（三）构建覆盖面广的评价内容

总体上看，高校思想政治课教学集人文性、社会性、综合性于一体。对其进行评价，评价内容就不能局限在教学大纲和课本知识上，不能停留在以知识记忆为主的卷面考试上，更不能只凭几次考试成绩的好坏来评定学生的道德水平。

为此，应从以下几方面来扩展评价内容：一是注重对教学活动的考察和评价。教师要在日常教学活动中留心观察大学生的核心素养是否获得提升，是否对中国优秀传统文化产生兴趣，是否主动了解和学习中国优秀传统文化相关内容，是否积极参加中国优秀传统文化有关主题活动。大学生在参与活动和实践中，逐步激发热爱、弘扬中国优秀传统文化的真情实感，从而提升他们对中国优秀传统文化的深切领悟，促进其优秀思想道德品质的养成。二是积极提升将中国优秀传统文化融入思想政治课教学的有效性。对大学生是否具备正确的价值观念、成长理念、精神面貌、文化素养、道德品质等进行科学的综合评价，促进大学生不断提升自身道德修养，做到知行合一。

五、建立教学监督机制

高效有力的监督机制是融入工作顺利开展的关键点。增强高校在融入工作中的规范化，督促融入工作真正落到实处，加强在过程中的监督和考核迫在眉睫。

一方面，要加强对高校的外部监督和考核。教育部门要组建一支具备督导工作经验和较高理论水平的监督队伍。这支队伍可以由专业的专家学者、优秀的一线教师、学校的督导人员等构成。权威人员组成的队伍进行考核，考核过程具有严谨性，考核结果也更加具备专业性和威信力，能够被大众认可和接受。监督考核队伍以对高等院校的融入工作考核为主要任务，如监督教育部门下批的资金是否专款专用、学校是否建立起专门研究中国优秀传统文化的教研室和科研机构、学校是否开设相关课程等，对此项工作的监督评估结果将影响学校未来的评估结果。另一方面，高校内部也要建立起监督制度。监督工作的开展首先要受到规章制度的约束，要做到有章可依、有章必依。

高校首先需要制订一套完整科学的监督方案，明确地规定督导目标和具备可操作性的指标体系，作为监督工作切实开展的领导指南。在执行过程中，要严格按照制订的方案执行操作。发现融入工作中的任何问题要及时反馈给相关部门，各部门应积极配合督导工作的开展，整改工作中存在的不足，修正问题，完善工作。

高校的监督工作要落到实处，不能只有章法没有行动，进行监督工作的督导小组要认真履行好自己的职责。首先，对各基层单位举办的相关的各类报告会、讲座等进行审批，使其明细化。其次，对于融入工作进度，督导小组以及分管校领导要坚持每周定期听取工作汇报，督促各部门将融入工作落实到位。最后，对课堂的督导也不容忽视，除了要监督教师课上的不良行为，更要督促教师改进教学方式，保证教学效果。除此之外，监督权力也需要被监督，所以还可以设置独立于监督评价体系之外的人员，对评价标准是否合理、监督小组工作是否公开公正、是否落实到位进行检查，也可以进行"突击检查"，从而保证监督的真实性。除了督导小组的监督，还可以增设学生对教师课堂行为的评价与监督，对教师行为进行打分，教师之间也可以通过观摩课堂进行互评，这些都可以作为督导小组评价的参考。张弛有度的监督评价机制是融入工作开展中必不可少的一环，通过监督机制规范融入工作的问题，推动融入工作的高效进行。

优秀传统文化融入高校的思想政治教育工作，应立足于领导机制、着眼于激励机制、贯穿于监督机制，共同作用于融入工作，保障融入工作规范化、制度化、有效地进行。

第三节 中国优秀传统文化融入大学生思政教育的措施

一、中国优秀传统文化融入大学生思政教育的原则

中国优秀传统文化的弘扬与思想政治教育工作的开展在一定程度上具有一致性，若将中国优秀传统文化中的价值呈现在大学生思政教育中要遵守二者的融入原则。习近平总书记在学校思想政治理论课教师座谈会上提出思想政治课程改革的新要求，这些要求为思想政治教育工作未来的发展提出新建议，同时也为中国优秀传统文化融入大学生思政教育提供原则指向。

（一）坚持建设性与批判性相统一原则

中国传统文化是中华民族几千年来兴衰变迁的产物，其中囊括中华民族的思想精髓，能为思想政治教育工作的创新带来启示，但因时代的久远也难免带有封建社会的烙印，具有历史局限性。所以，在中国优秀传统文化与大学生思政教育融合时，要坚持建设性与批判性相统一的原则，做到"不破不立，不立不破，相辅相成，殊途向归"。

中国优秀传统文化中的"民惟邦本""天下为公""任人唯贤"等传统政治观体现了古代"治国平天下"的抱负理想，"自强不息""厚德载物""朋友有信""勤劳俭朴"等传统道德观体现了丰富的道德教育成果。这些内容无论对当前我国治国理政还是大学生道德素质的养成都有着重要影响。但传统文化中的"三从四德""男尊女卑"等错误思想，已经不符合当前的社会发展趋势，需要予以摒弃，因此我们在对待传统文化时应遵守建设性与批判性相统一的原则，对待中国优秀传统文化时坚持建设性，以当前党和国家的方针政策为重心，站在推动社会发展前进的方向上，将中国优秀传统文化的精髓融入大学生思政教育中。用文化典故或历史史实作为媒介，将社会主流的价值观融入日常教学中，从而起到促进大学生思想进步、维护社会稳定的作用。面对文化糟粕时应秉持批判性，批判性并不是简单的否定，而是对错误的观点与思想进行行之有效的分析，清晰地讲述其根源与危害，揭露其错误的本质。只是简单地给予"扣帽子"式的批判，不能解决其实际问题。在中国优秀传统文化融入大学生思想政治教育的过程中要坚持建设性与批判性的统一，那种将建设性与批判性绝对地割裂与对立的行为，是不可取的。

因此，在二者融合的过程中，应将大学生思政教育作为主体，坚持中国特色社会主义教育立场，将中国优秀传统文化融入大学生思政教育工作中，帮助思想政治教育实现立德树人的教育目标，为建设社会主义现代化国家提供保障。此外，在融入过程中，高校应当有所辨别，抛弃传统文化的糟粕内容，将中国优秀传统文化与新时代国家具体实际情况相结合，继承与弘扬并举，落实批判性原则。坚持建设性与批判性相统的原则，有助于实现中国优秀传统文化与大学生思政教育的有机融合。

（二）坚持政治性与科学性相统一原则

大学生思政教育的实质是主流意识形态的渗透和教化，而坚持以马克思主义为指导的大学生思政教育同时具备政治性和科学性。大学生思政教育最重要的要求就是讲政治，这个原则不能变，这涉及培养什么样的大学生、怎样培养大学生等问题。我国高等教育思政课的主要任务就是帮助大学生学习世界本质、把握马克思主义的基本原理，树立正确的政治立场、掌握正确的政治观点等，并能够以此来认识和分析现实问题。

中华传统美德与大学生思政教育是"你中有我、我中有你"的关系，中华传统美德是中华民族的道德根基，作为中国人民的道德标准影响着中华儿女生活中的方方面面。在千百年的历史长河里，中华传统美德是维护民族团结、祖国统一、社会稳定的道德规范与社会准则，具有相当程度的稳定性与持久性。因此，学习中华传统美德既出于历史的选择又得益于现实需要。

中华传统美德要想获得长足进步与发展，不仅要根植于马克思主义中国化的生动实践，而且还要不断地增强自身的现代调适性，寻找其创造性转化与创新性发展的内外源动力。毋庸置疑，为中华传统美德注入"科学性"是其在融入过程中要面对的重要命题，在融入过程中要旗帜鲜明地讲政治、讲科学，不能一味地自我膨胀，更不能以取代马克思主义、中国特色社会主义理论为前提。中华传统美德的现代调适要引导大学生树立科学的"三观"，培育崇高的理想信念，坚持为社会主义道德建设服务，坚持为国家富强、民族振兴和人民幸福的中国梦服务，坚持为实现第二个百年目标而奋斗。

（三）坚持继承性与创新性相统一原则

继承性与创新性的统一始终贯穿于传承创新中国优秀传统文化的过程中，是传承创新中国优秀传统文化的鲜明特征。习近平总书记从历史唯物主义者的立场出发，强调必须始终坚持在继承中创新，在创新中发展。倘若没有继承，创新就会成为无源之水，甚至不能实现创新；倘若没有创新，发展就会成为无本之木，无法实现恒久深入发展。继承性与创新性是辩证统一的，继承性是创新性的前提条件，创新性是继承性的目的追求。只有在继承的前提下才能推进创新，只有推进创新才能实现进一步的继承。坚持继承性与创新性相统一原则把对优秀传统文化元素的继承与创新结合起来，在继承的基础上有所创新，在创新的过程中更好地继承，二者相辅相成、缺一不可。

善于继承历史文化，才能在此基础上实现创新发展，开辟未来美好文化图景。一方面，坚持继承性与创新性相统一原则体现出鲜明的继承性。马克思认为："历史不外是各个世代的依次交替。每一代都利用以前各代遗留下来的材料、资金和生产力；由于这个缘故，每一代一方面在完全改变了的环境下继续从事所继承的活动，另一方面又通过完全改变了的活动来变更旧的环境。"（《马克思恩格斯文集》第1卷）传承创新优秀传统文化不是凭空发生的，既继承了马克思、恩格斯、列宁的文化继承发展理论，也继承了中国化马克思主义的文化继承创新理论，这种继承性更体现为传承了中国优秀传统文化所蕴含的哲学人文思想、道德价值理念等文化基因。具体而言，传承了中国优秀传统文化中的实事求是、民惟邦本、德法兼施、知行合一、和合哲学等思想智慧，同时这些思想智慧也为坚持继承性与创新性相统一原则提供了文化底蕴和精神源泉。另一方面，坚持继承性与创新性相统一原则创新传统文化，体现出鲜明的创新性。坚持继承性与创新性相统一原则创新传统文化，结合时代境遇和"五位一体"布局、党的建设、大国外交等诸多领域的新实践，运用"创造性转化和创新性发展"的方法论，实现对优秀传统文化的表达形式和时代内涵的推陈出新，焕发中国优秀传统文化的蓬勃生命力和时代新气象。

（四）坚持理论性与实践性相统一原则

中国优秀传统文化与大学生思政教育的融合应做到理论性与实践性的统一。简单地说就是深入挖掘中国优秀传统文化内容，将其运用在大学生思政教育中，通过教育者的课堂教学，将中国优秀传统文化中的经典传递给大学生，使其在文化的熏陶中树立正确的"三观"。同时还要注重理论知识的应用，让理论知识在具体实践中贯彻落实，从而达到知行合一。

理论性是大学生思政教育的主要属性，它承载着知情意行等多方面的内容，为大学生的思想提供世界观与方法论的指导，同时它的最终目的是实现教育的实效性，因此思政理论课应具备吸引力和说服力，只有在严密的逻辑中才能实现以理服人，通过理论来实现熏陶与感染的作用。但是，思政理论课不能单依靠理论灌输，它还应具备实践功能。中国优秀传统文化是古代先贤集体智慧的结晶。它经过历史的发展和不断的实践才保存至今，具有强大的实践性。例如，中华人文精神中"求同存异"的处世方法，"形神兼备，情景交融"的美学追求等都是实践性的具体展现。我们应在思想政治教育中融入中国优秀传统文化的思想精神，指引大学生在理论中求知，在实践中求实。其实理论性与实践性相统一在古代的表述方式为"知行合一"。王阳明作为"知行合一"观点的最早提出者，他强调二者应互为表里，不可分割。理论的终极含义在于指导人的实践，在中国优秀传统文化与思想政治教育工作融合时应做到理论性与实践性的辩证统一。一方面，以中国优秀传统文化的内容作为教育资源，丰富思想政治教育的理论内容，并将其运用在课程教学中，从而达到提升大学生文化素养的目的。另一方面，以中国优秀传统文化作为实践的主题，使大学生将理论知识在文化活动中展现出来，做到脚踏实地。但也存在具体问题具体分析的情况，应根据不同客观形势的变化来确定理论性与实践性的关系。例如，遇到重大的节日或是纪念日，应采取先实践的方式，在具体的实践活动中引导学生了解理论。通过这种良性互换才能更好地落实理论性与实践性的统一。

总的来说，中国优秀传统文化与大学生思政教育的融合，既要注重其理论性，做到以理服人，也要将理论与实践相结合，做到知行合一，提升思想政治教育工作的实效性，为培养有理想、有本领、有担当的新时代青年提供精神支撑。

（五）坚持历史性与时代性相统一原则

中华传统美德融入大学生思政教育要坚持历史性与时代性相统一的原则，以保证大学生思政教育理念与传承中华传统美德的思想互相融合。厘清思想教育的理论逻辑和价值逻辑能够有效帮助大学生科学了解历史，顺应时代潮流。同时，还能提高大学生作为受教育主体践行中华传统美德的积极性，也能反向促进大学生思政教育内容更新的时效性，这有效地提高了中华传统美德融入大学生思政教育的针对性与适应性。

历史证明，中华传统美德与马克思主义结合有着相当大的力量。鸦片战争后，中国逐步沦为半殖民地半封建社会，一些国人早已道德贫弱，地主阶级、农民阶级和资产阶级由于其各自的阶级局限性都没能从根本上解决这个问题，直到中国共产党的成立，中国道路有了新的指导思想，马克思主义不仅改变了中华民族的历史命运，而且也赋予了中国人民新的民族精神面貌。当时在不同的救亡图存方案中实际上都体现了各自阶级对于不同文化价值的追求，但在中国共产党成立之前这些文化价值追求在与中国实际、中国文化的碰撞中无一例外地失败了，只有马克思主义成功同中国实际和中国传统文化有机地联系起来，并取得了马克思主义中国化历史性飞跃的重大理论成果。也正因如此，在马克思主义指导下的中华传统美德，其意义与内涵也在中国革命、建设和改革的过程中得到不断扩充，如井冈山精神、塞罕坝精神、探月精神、脱贫攻坚精神和抗疫精神等中国精神都是中华传统美德在现实背景下不断调适从而产生和发展的。

现实也证明，二者在融入的过程中都迸发出了新的活力。传承与弘扬中华传统美德已经纳入道德建设的重点任务，进一步阐述了中华传统美德作为道德根脉与源流对培育社会主义核心价值观的积极作用以及在大学生思政教育工作中的地位。同时，高校要依据公民道德建设的新要求，把党和国家关于传承与弘扬中华传统美德的文件落细落小落实，在融入过程中促进中华传统美德的创造性转化和创新性发展，并以中华传统美德为载体，对大学生思政教育的内容进行补充与完善。

（六）坚持主导性与主体性相统一原则

在大学生思政教育中坚持主导性与主体性的统一，即在教育教学中教师处于主导性地位，具有支配和主导的作用，掌握着事物发展的方向和主体节奏；学生在学习中处于主体地位，是有情感和思想的活生生的人，在教育教学中拥有主观能动性。若教学中缺失主体性，那么另一方的教育也不具有意义。主导性和主体性在思政教学中都是不可或缺的，双主体的教育形式是思想政治教学中良性互动的价值遵循，也是提升教学亲和力的有力保证。

将中国优秀传统文化融入大学生思政教育时应围绕着社会的主流价值观，以立德树人为主要目标，在遵循学生主体认知的基础上，将中国优秀传统文化的内容融入课堂教学中，更新课堂教学方式与教育方法，对学生进行启发式教育，引导学生成为德才兼备的新时代青年。坚持教师的主导地位是中国优秀传统文化融入大学生思政教育得以实现的前提条件。在教学过程中，教师的主导地位虽然能对学生起到辅助作用，但要真切地体现出理论的价值还需要发挥学生的主体性地位，使学生提高学习兴趣，增强学生的实践能力，从而为中国优秀传统文化与大学生思政教育的融合提供保障。

（七）坚持教育和自我教育相统一原则

在融入过程中，要把教育和自我教育有机地统一起来，在教育者和受教育者之间树立师生共同发展的主体性意识。教育者要有效发挥自己的主导作用，努力把融入的教育内容转化为教育对象的实际活动，并在融入过程中不断提升自己的人格魅力；受教育者更要充分利用自己的能动作用，在融入过程中主动提升学习和践行中华传统美德的积极性，不断提升自己的道德修养和精神品质。

教育和自我教育实质上就是事物运动发展变化的内因和外因。一方面，教育是外因，灌输是形式，教育的本质就是教育者通过自己的行为方式，有组织、有目的地把受教育者培养成为社会需要的人，教育内容以政治观点和道德规范为主，而且还受教育者自身的意识形态的影响。另一方面，自我教育是内因，受教育者积极提升自己的思想修养和精神品质，内省是方式，旨在让受教育者经历思想矛盾变化后主动按照教育者的指导进行行动。能否进行自我教育是检测教育效果的有力体现，教育的终极目标是为了不用教育，是教会受教育者如何学习和如何实践，所以教育与自我教育的统一是融入的关键。融入不能一味地以教育为单一形式，也不能完全以自我教育为主要方式。

在融入的过程中，教育者和受教育者除了注重由外向内的外化教育，都更应注重由内而外的自我教育，实现自我的全面发展。融入不仅要积极发挥教育主体的教育自觉，发挥其在探索发现以及接受中华传统美德知识上的主观能动性，使教育主体积极参与到融入的过程中来，有效提高融入的整体化水平；也要充分发挥教育客体的学习主体作用，在教育者的正确引导下，学会做自己生活和学习的主人，进而为融入提供朝气蓬勃的活力，促进融入教育目标的实现。

（八）坚持显性教育与隐性教育相统一原则

坚持显性教育与隐性教育相统一是习近平总书记对于思政课改的要求，这个要求同样适用于中国优秀传统文化与大学生思政教育的融合。显性教育是高校实施有目的和计划的教学活动，是实现教育目标和任务的主要渠道。显性教育在高校的表现形式有思政理论课、高校知识讲座、教授论坛等。它的教育特点是"教育内容的导向性和宣传性、教育形式的灌输性和强制性、教育主体的固定性和等级性"。隐性教育是高校通过非正式的教学形式施行的教育手段，意在运用潜移默化的形式让大学生进行自我领悟，消除硬性教育的存在感，实现无形教育。隐性教育的特点是"教育内容的隐蔽性和渗透性、教育形式的潜隐性和自觉性、教育主体的灵活性和多变性"。其实，就二者的辩证关系而言，显性教育并非只依靠直观呈现进行教育教学，隐性教育也并非永远隐藏潜移默化，二者既相互独立又相互影响。独立性展现在二者拥有不同的教学形式和教学方法上，展现出的教育结果也存在差异。相互影响在于二者可以相互渗透，具体表现在显性教育的内容是隐性教育工作展开的前提，隐性教育是强化显性教育成果的方式，二者是辩证统一、同向同行的。

中国优秀传统文化融入大学生思政教育要注重显性教育的作用，通过对中国优秀传统文化的挖掘找寻其中的思想政治教育元素，并将其融入思政教学中，实现其育人功效。同时也要注重隐性教育的作用，在日常的课堂教学中应运用隐性教育的手法，润物无声地将理论知识以"春风化雨"的形式使学生吸收。例如，在课堂教学中，我们应坚持以显性教育为主，对中国优秀传统文化相关的理论知识进行传授，但在文化融入校园时，应以隐性教育为主进行渗透教育。

总之，无论是显性教育还是隐性教育，在中国优秀传统文化融入大学生思政教育中都具有重要的地位，我们应秉持显性教育与隐性教育的统一，使课程育人与文化育人协同发展、同向同行，达到育人实效。

二、中国优秀传统文化融入大学生思政教育的策略

（一）创新中国优秀传统文化课程

1. 开发校本课程，依托地域文化传承优秀传统文化

幅员辽阔的中华大地孕育出灿烂的中华文明，中华大地每一处疆域都蕴含着光辉的传统文化资源，每一所高校都在不同程度上被地方文化所滋养。"校本课程"概念提出伊始就与当地文化存在千丝万缕的密切联系，它所提倡的就是学校和教师针对本校的实际情况和学生的现实需求开发课程。同时这个课程要充分考虑当地的人文环境、历史传统和地方文化。所以，高校可以依托地方传统文化，开发传承优秀传统文化的校本课程。既能展现不同地区的学校所具有的与众不同的鲜明特色，又能传承所在地区的地方文化。

首先，高校可以编写传统文化的校本教材，内容需要密切贴合大学生的日常学习生活和现实需要。这些教科书可以介绍当地的地理特征、人文风情、文化习俗、历史发展和历史名人故事，使学生可以深入了解和研究当地的传统文化。其次，高校可以组建专家团队建立研究当地优秀传统文化的研究中心。根据人才培养的目标和自身的区域优势，充分探索和整合当地文化资源，并将其编入教科书中，开设与其对应的专业课程。高校也可以利用自身的资源优势，结合大学生的自身特点，还原重大历史文化事件，模仿创造特定的历史风貌，通过实地场景还原来塑造氛围，使学生仿佛置身于当时的历史环境感受传统文化。而面对高校中具有

一定人文基础的文史类专业的大学生，则可以编写一些富含深层次内涵的与主修课程有联系的传统文化读物。同时，位于同一地点的大学可以共同开发校本教科书，因地制宜，将本土特色文化引进校园，联合打造不同地域的特色文化课程。

2.推广通识教育，优化传统文化教育的课程设置

通识教育是一个舶来品，这个概念最早在19世纪被提出，其目标是培养出一个完整全面的人。追溯我国通识教育的思想，自古就有"教人做人"的理念，强调要重视道德教育，主张培养一个具有完美人格的人。总而言之，通识教育的目标就是培养一个全面发展的人。但是，高校的专业教育与优秀传统文化教育关联较少，所以高校以大学通识教育为载体，通过通识课程体系中的必修课程和选修课程传承优秀传统文化，丰富大学生的知识结构，塑造优秀人格，培养其成为全面发展的人才。同时也为传统文化教育搭建了平台，使高校的大学通识教育更具有"中国特色"。

（1）利用思政课堂，发挥必修课的主渠道作用

通识教育的共同必修课或核心课是通识教育的根本和灵魂。当前在我国高校开设的进行思想政治教育的必修课程就是思想政治理论课，这是通识教育的灵魂，也是最主要的课堂阵地，必须把优秀传统文化融入主要的课堂教学中。例如，在思想政治理论的课堂教学中，讲述各个领导人的思想成果时可以结合传统文化中的理论，比如合和思想与习近平总书记的人类命运共同体的思想，天人合一的思想和习近平总书记的"两山论"；在讲到坚定理想信念时，可以讲述无数仁人志士为了挽救民族危亡做出的壮举，用历史事实证明坚定理想信念是中华民族的优秀传统。除了一直在各大高校开展的思想政治教育理论课，高校还可以开设几门全校学生必选的传统文化类的通识课。国内著名高校在此方面已经做了有效的尝试。

（2）增设传统文化的选修课程，丰富通识教育课程体系

高校在优化通识必修课时，也要增设选修课，兼顾学生的兴趣爱好，满足学生多样化的需求，弥补只依靠必修课传递优秀传统文化的局限，拓展学生了解传统文化的渠道。

（二）营造中国优秀传统文化氛围

1.营造校园优秀传统文化氛围

校园是学生活动的主要场所，要想让优秀传统文化达到春风化雨、润物无声的效果，必须在校园建设中增添优秀传统文化元素，提高高校校园的文化气息和

文化品位，培育浓厚的优秀传统文化氛围，让大学生无时无刻不处在优秀传统文化的滋养下，体会优秀传统文化的温度与韵味，实现课内课外协同并进。首先，在校园基础设施建设中融入优秀传统文化元素，如走廊上悬挂名人字画、广场上树立先贤雕塑、建设文化园地等，悄然发挥环境的熏陶作用。其次，除了硬件设施建设之外，校园的软件设施也具有重要作用。高校的办学理念、教育宗旨、校风校训等精神文化能充分体现中国优秀传统文化的内蕴，进一步推动校园的精神文明建设，彰显中国优秀传统文化底蕴。另外，高校可以充分利用学校的广播站、公告栏、电子屏等平台，大力宣传传统文化。最后，高校可充分发挥学生社团的引领作用，将优秀传统文化融入大学生的日常生活中，让学生切身体会优秀传统文化的魅力，既充分调动学生的兴趣，又能够在接触优秀传统文化的过程实现教化作用。

2. 推动传统文化创新

2021年，河南春节晚会凭借《唐宫夜宴》等生动的文化节目刷屏网络，火爆"出圈"，既打破了人们以往对传统文化的疏离感，使传统文化活在当下，又给我们今后创新传统文化提供了可资借鉴的成功范本。在漫漫历史长河中跌宕的中华民族孕育了极其宝贵的精神财富——中国优秀传统文化，根据时代的变化实现中国优秀传统文化的创新与发展，并一代代传承下去，走向未来，是中华民族的责任和使命。

如何实现创新发展？第一，离不开先进的科学技术，科学技术能够实现大学生与传统文化零距离、同时空共享，使传统文化的深厚底蕴内涵润泽大学生的精神世界，抖落厚重的传统文化的灰尘，助推文化发展。第二，赋予传统文化新的内涵，为传统注入时代气息，将传统文化与现实生活相结合，实现古代与现代的邂逅，使其既不失传统的典雅大气和文化意蕴，又能体现出时代的律动，贴近人们的文化需求，焕发新的青春生机又接住地气，必将受到当代青年人的热烈追捧。创新传统文化，既要大力利用现代科学技术，又要将新的时代特色巧妙融入传统文化，真正做到"让收藏在禁宫里的文物、陈列在广阔大地上的遗产、书写在古籍里的文字都活起来"，使高冷的传统文化吐露活力、蔚然成风。

3. 发挥榜样的引领作用

将中国优秀传统文化切实融入大学生思政教育，离不开榜样的引领激励作用。首先，广大党员、干部必须带头学习和弘扬中国优秀传统文化，用优秀传统文化涤荡心灵，以自己的言行举止影响群众、带动群众，逐渐形成良好的社会风气。

其次，社会公众人物应主动宣传优秀传统文化。公众人物受关注度高，一举一动都具有放大作用，这就要求他们不仅要具备良好的个人修养，而且也要积极承担社会责任。社会公众人物的行为具有很大的影响力，其对于传统文化的热爱和坚持会直接带动部分受众的效仿。因此，公众人物应主动倡导和推广优秀传统文化，做社会的标杆。再次，积极寻找对传承保护传统文化做出贡献的普通大学生，塑造真实亲切的平凡榜样，引起大学生的情感共鸣，推动他们向优秀的同学学习，争做榜样，在无形之中激发大学生学习优秀传统文化的积极性和主动性。最后，加大奖励表彰力度，对于传承和发展优秀传统文化做出重大贡献的集体和个人给予丰厚奖励并大力宣传，以鼓励群众把传承发展优秀传统文化融入个人发展之中，融入实现"十四五"规划的宏伟蓝图中。

4.优化同辈群体环境

从古至今，中国人历来重视朋辈交往，留下了"入芝兰之室，久而不闻其香"（《孔子家语·六本》）及"独学而无友，孤陋而寡闻"（《礼记·学记》）等名句。调查研究表明，在青年中，同辈群体产生的影响最为持久深刻，无论是思想还是行为都发挥着重要的影响作用，在某种程度上也对思想政治教育产生冲击。大学阶段是人的一生中人际交往较为频繁的时期，朋友的行为规范和思想品质通过信息传递以及情绪感染的方式对自身产生潜移默化、深远持久的作用，进而促使同辈群体的行为表现趋向一致。有些不愿意和家长、老师交流的话题，在同辈群体间可以自由讨论，不仅传播速度快，而且更易于产生认同感，因此，同辈群体的成员之间必然能产生复杂而深入的影响。大学生应该主动寻找热爱优秀传统文化的朋友，多与传统文化底蕴深厚的朋友交流，通过正向刺激让自身获得积极激励，建立具有浓厚中国传统文化氛围的朋友圈。而且同辈群体之间会产生一种无形的压力，促使其成员发生认同，当群体中的成员具备一定的优秀传统文化素养时，会对自身产生无形的心理压力，因此，大学生要积极将朋辈压力转化为朋辈动力，向身边具备优秀传统素养的同学看齐，主动汲取优秀传统文化智慧，实现朋辈良性互动，共同成长。

5.营造良好的家庭氛围

（1）转变家庭教育理念

家庭是人类文明和个人人生的起点，是生存与生活、成长与发展的港湾；是联系个人与社会的基本组织单位。家庭教育理念关系着我们成为一个什么样的人。父母的教育方式和子女的生活习惯、道德品行、行为举止都受到家庭教育理念的指引。要逐渐改变优秀传统文化在家庭教育中的地位，首先就要建立正确的家庭教育理念。

①摒弃重养轻教、重智轻德的教育观念。

家长在竞争激烈的社会中，既承担着赡养父母、教养子女的义务，也背负生活的重担。多重的压力导致家长忽视子女的成长与发展，产生了重养轻教、重智轻德的错误教育理念。重养轻教主要是指家长过于重视家庭物质生活条件的改善和子女的衣食住行情况，却忽视了对子女的教育问题。如将教育完全归之于学校或者将自己定位为学校教育的"助手"，认为只要服从学校安排、监督检查家庭作业就是完成了教育义务。重智轻德主要是指在关注子女教育问题时，往往侧重于子女的学习成绩而轻视孩子的内心世界以及道德养成。父母望子成龙的期盼促使家长不断加大对子女的智力投资。但这种重养轻教、重智轻德的教育理念只是获得了知识，却失去了情感、德行和责任，是非常不利于子女的全面发展的。为此，家长应该摒弃错误理念，重视德育。

②树立正确的教育观念。

首先，树立终身教育的观念。父母对子女的教育不仅限于学前阶段。部分家长认为，在子女步入学校与社会之后或者在子女成为成年人之后就不需要家庭教育了。但教育是没有时限的，应将其融入子女的完整人生中。也就是说，家庭需要把对子女的优秀传统文化素养培育作为终身责任来履行，使优秀传统文化涵盖子女成长发展的每一阶段。

其次，打破家庭空间的局限。部分家长认为，只有同一屋檐下的教育才是家庭教育，脱离了家庭，就不再需要家庭教育。而我们所说的家庭教育不仅仅发生在家庭生活中。人的一生停留在家庭中的时间是有限的，尤其是子女与父母的相处时间，随着年龄的增加更是不断缩短。就大学生而言，在长期远离家庭的校园生活中实现面对面的家庭教育是不现实的。为此，需要突破空间局限。家长不仅需要在共同生活中进行优秀传统文化教育，而且通过电话、书信、互联网等带来的教育效果有时会比面对面的教育更有效。

（2）发挥家长的榜样与指导作用

家庭中的中国优秀传统文化教育不能只靠说教这种直接的方式。当代大学生充满个性并追求独立，过度的说教不仅达不到较好的教育效果，而且还会适得其反，必须采取灵活的教育方式。作为子女的人生导师，家长的一言一行都在塑造着子女的世界观、人生观、价值观。因此，家长要成为榜样，指引子女正确的成长方向。

①提高家长的优秀传统文化素养。

一方面，家长要补充学习中国优秀传统文化知识。若家长缺乏对我国优秀传统文化的认识，子女又怎能对优秀传统文化产生浓厚的感情。因此，要及时补充、培养自身对优秀传统文化的兴趣，提高思想道德水平。在日常生活中可以利用各种渠道学习，如当前有很多像《上新了·故宫》《中国诗词大会》等宣传优秀传统文化的电视节目可以利用。通过学习，家长不仅自身能具备优秀传统文化素养，而且还能明白优秀传统文化的重要价值以及如何培养子女的道德品质。另一方面，家长在自我学习的同时，还要不忘发挥榜样示范作用。子女的行为举止、道德修养、价值观念都是父母的缩影。家长要时时处处给孩子做榜样，用正确行动、正确思想、正确方法教育引导孩子。家长要注重言传身教，以身作则，带动子女学习优秀传统文化知识。言传，即向子女讲述传统礼仪礼节或为人处世的道理，让子女形成传统文化观念；身教，就是家长透过日常生活中的行为举止或精神风貌向子女传递优秀传统文化的信号来影响子女道德品质和价值观的塑造，以身垂范，做到"其身正，不令而行"（《论语·子路》）。家长的榜样示范作用能使大学生在潜移默化中自觉接受中国优秀传统文化的熏陶。

②及时引导和纠正，发挥家长的指导作用。

一方面，家长要引导子女养成良好的道德品质。大学生身上若无法形成优良的传统道德品质，又何谈继承和弘扬优秀传统文化。因此，家长要关注大学生的性格养成问题，将思想道德的培养放在首要位置。若发现子女上逐渐走向错误道路，要及时纠正和引导，循循善诱，引导子女逐渐形成善良、正直、诚信、宽容等良好的道德品质。另一方面，家长要指导子女正确对待外来文化。家长要慎重看待子女的日常行为，用恰当合理的方式来引导他们正确全面地看待外来文化，对过于痴迷外来文化的行为要及时修正。

（3）营造良好的家庭氛围

家庭环境对个人的影响不仅是潜移默化的，而且也是持久的。作为一种最具亲和力的教育场所，良好的家庭氛围能使传统文化教育效果事半功倍。在优良家风和浓厚的优秀传统文化气息的熏陶下，我们能自觉建立良好的道德规范，将传统美德内化于心、外化于行。

①培育并传承优良家风。

优秀传统文化中有着丰富的家风思想：儒家思想中将"仁、义、礼、智、信"作为家庭成员人性与内在精神道德提升和发展的明确目标，形成"以德治家"的原则；北宋时期杰出的政治家、文学家范仲淹的《家训百字铭》中的"兄弟互相

126

助，慈悲无过境"、清朝诗人张鉴的《浅近录·家法》中的"治家严，家乃和；居乡恕，乡乃睦"等都是优良家风的生动体现。

家风是一个家庭的价值准则，其影响的不仅是个人的精神面貌，更关乎社会道德和风气的建设。良好的家风都是以优秀传统文化为根基的，同时也是对传统美德的继承和弘扬。首先，要创造一个美好的家庭环境。家庭成员间互相尊重理解、包容体谅、互敬互爱。平等和谐家庭环境是子女健康成长的前提。其次，父母要言传身教，以身作则，树立表率，将良好家风通过一言一行体现出来，逐渐影响子女的行为举止。通过优良家风的熏陶，使大学生逐渐养成向上向善的美德，从而锻炼个人、和睦家庭，进而使家风连成社风、社风汇成国风，从而有益于国家与社会。

②打造传统文化气息。

借助家庭中的人与物，营造优秀传统文化的氛围，使大学生能在家庭中感受传统文化的熏陶。一方面，以传统节日和活动为载体，营造浓厚的节日氛围。传统节日是一个进行传统文化教育的良好契机。在家庭生活中，应该抓住传统节日的良机：在春节时，向子女讲述年的由来；在端午节时，包粽子、赛龙舟，共谈屈原事迹；在重阳节时，教导子女孝敬父母等。认真对待每一个传统节日，借助它们的仪式感和背后的意义，逐渐改变家庭成员对传统节日的态度，让每个家庭成员意识到传统节日是非常重要且具有深意的，并不是可有可无的。另一方面，重视居家环境。孟母三迁就是一个典型的例子。当然，这里所说的居家环境不仅是指所处位置，而且还包括家庭中的人和事。例如，在家庭的装饰中增加传统文化内容，有时一幅有趣的字画更能引起子女的兴趣；在个人行为上，建立"黎明即起，洒扫庭除"等良好生活习惯。或者利用休闲时光，共同开拓视野，培养一种与优秀传统文化相关的技能或兴趣爱好等。上述活动的目的就是透过生活的点点滴滴把优秀传统文化慢慢渗透到大学生的日常，使优秀传统文化成为其不可分割的一部分。

（三）丰富中国优秀传统文化的育人载体

1. 融入学生管理工作

学生的日常管理是高校学生工作的重要内容之一，在大学生的培养和发展中，它起着不容小觑的重要作用，因此，必须将优秀传统文化融入大学生的日常管理，以便在实现教育目标的同时提升教育效果。首先，高校辅导员是大学生接触最频繁的教师，是学生的"引路人"，是思想政治教育队伍的重要力量。辅导员在与大学生的交往过程中，要充分发挥优秀传统文化的作用，当大学生的思想出现不良倾向时，辅导员可以有意识地运用一些优秀传统文化资源，切实加强与他们之间的沟通交流，合理运用优秀传统文化中的教育理念和教育方法，使学生能够敞开心扉，真切地表达自己的想法，最终达到思政教育的目的。其次，宿舍是大学生形成良好生活习惯、进行人际交往的重要场所，对大学生心理素质的发展具有重要影响，因此，必须建立良好的宿舍文化。学生工作管理者应注重将优秀传统文化思想融入大学生宿舍文化中，倡导学生用"和而不同"的宽容品格、重义轻利的价值观和自强不息的进取人格进行宿舍交往，使优秀传统文化烙印在大学生的心灵深处。

2. 强传统文化实践体验

实践活动不仅是传承中国优秀传统文化的重要途径，而且也是推动中国优秀传统文化入脑入心的最佳途径。亲身体验的感悟才更具有直击人心的力量，中国优秀传统文化要在实践中"走一走"，要走进大学生的实际生活。

第一，加强对校园活动的利用，开展丰富多彩的优秀传统文化系列活动。实践活动既可以丰富大学生的校园生活，又能让大学生亲身体验游戏传统文化，将知识转化为能力，巩固理论学习成果，以此来调动大学生对于优秀传统文化学习的积极性。如通过历史典故的话剧演出、分享传统美食等活动，拉近大学生与优秀传统文化的距离，感知优秀传统文化的深厚底蕴，提高大学生的文化素养，更重要的是，将弘扬优秀传统文化从响亮的口号上转化到具体的行动中，使其回归到现实生活中。

第二，搭建校外教育阵地。文化遗产是中华文化直接的教育载体，高校应该积极组织大学生开展各种社会实践活动，如参观历史博物馆、名胜古迹、游览古镇等，让学生感知数千年前的生命印记，在实践中激起文化共鸣，使学生穿越时空对话历史，带着现实中的问题与传统文化进行心灵沟通，思考优秀传统文化的当代价值和时代内涵，在亲身接触中真实直观地领悟文化的独特魅力，为中华文化而自豪。在进行实践活动的同时，还应积极进行思想政治教育，使学生深刻体会文化遗产背后的思想道德意蕴，学生丰富多样的精神文化需求在实践中得以满足，思想政治教育的目的在实践中得以实现。

第三，开展丰富多彩的节庆活动。传承千年的中国传统节日和庆典活动承载着民族灵魂与共同情感，具有重要的思想政治教育价值，它是与大学生的日常生活最为接近的实践活动，年复一年的循环则是对其教育价值的巩固和强化。高校应充分发挥传统节庆活动的作用，举办有利于实现传统节庆教育价值的各项节庆活动，以对大学生的思想和行为产生积极的影响。例如，在元宵节举办赏花灯、猜灯谜的活动，促使大学生在浓厚的节日氛围中领悟我国传统节庆的教育意义，并将其内化为自己的道德准则，提高大学生的传统文化素养。

3. 加快优秀传统文化网络平台建设

中国互联网络信息中心（CNNIC）的调查显示，截至 2020 年 6 月，在网民的职业分布中，稳居第一的是学生。学生在哪里，宣传中国优秀传统文化的重点就在哪里。

首先，在抖音、微博、网络直播等大学生经常"冲浪"的平台入驻主流媒体，以及充分利用学习强国、青年大学习等学习平台，将中国优秀传统文化与网络热点相结合，引导正确的思想舆论。

其次，高校可以充分发挥自己的学科特色和教育资源，利用爱课程、慕课等在线学习平台，传播中国优秀传统文化优质课程，向全国学生免费开放共享，拓展大学生的网络学习空间，打造线上线下双向协作的教育格局。

最后，各高校的官方网站、微博、微信公众号、小程序等平台定期定量地以图文并茂、视听结合等形式为师生推送校史、校训、校情等具有学校特色文化及地域文化特色的内容，以流行、有趣的语言和形式吸引大学生，积极促进师生以平等的身份在线上进行互动交流。要将中国优秀传统文化有效地融入大学生思政教育全过程，理应高度重视互联网对大学生的影响，最大化发挥互联网的作用，使中华文化的传播范围向世界延伸。此外，必须加强网络监管，对于危害大学生健康成长的信息要严厉惩处，为网民提供和谐健康的网络空间。

4. 发展相关优秀传统文化产业

文化产业与人的联系十分紧密，必须发展相关的传统文化产业，对传统文化资源进行适度开发和合理利用。首先，在文化产业中融入优秀传统文化元素，使其中的价值取向和精神情怀为人们更好地接受。现代社会的文化产品琳琅满目，影响着大学生的精神世界。将优秀传统文化融入文化产品中，能够让大学生不自觉地接受传统文化的熏陶和感染，提高其思想道德素质。如故宫近些年推出的文创产品受到了年轻人的追捧，真真正正地实现了让"文物"活起来。其次，可以在电视剧或电影中添加优秀传统文化元素，还可以专门制作一些以优秀传统文化为主题的电视剧和动漫，甚至可以做国风综艺，让观众身临其境感受优秀传统文化。如近几年好评如潮的《国家宝藏》《朗读者》等，为未来文化综艺的发展探索出了新的打开方式，树立了标杆。同时根据学生多样化的文化需求，可以开发一系列国风歌曲甚至是以优秀传统文化为主题的闯关类游戏。最后，推动文化和旅游融合发展，建设一批富有文化底蕴的世界级旅游景区和度假区。大力倡导各地根据自身的区位优势和地域文化开发五彩缤纷的体验项目，将民间艺术、地域特色与时代需要相结合，打造文化旅游胜地，吸引全国游客前来参观学习。

（四）丰富中国优秀传统文化教育方式

1. 理论教育法

理论教育法是指教育者与受教育者有目的、有计划地对优秀传统文化进行学习，树立科学的文化观。文化认知决定大学生的学习动机和学习态度，要使文化认知自觉地转化为文化行为，最常用、最基本的方法就是理论教育法。理论教育法侧重向大学生进行正面教育，摆事实、讲道理，用科学的理论说服教育人。

理论教育法是一种系统的科学方法，但其不等于说教和理论灌输，常采用课堂讲授、理论培训等方式。在大学生中国优秀传统文化教育过程中，运用理论教育法要注意以下几点：首先，教育者要做到实事求是，保证优秀传统文化知识的正确性与科学性。教育者是大学生中国优秀传统文化教育活动的组织者和实施者，其具备的职业素质是保证教育效果的首要条件。因此，教育者要不断学习探索中国优秀传统文化的相关知识和理论，提升文化教学能力。其次，教育者要掌握大学生的客观实际情况，判断受教育者的文化价值取向是否正确，在此基础上制订符合大学生认知规律的理论教育方案。理论教育侧重于正面说理，要传授优秀传统文化中的积极因素，提高大学生的文化认同感。最后，进行理论教育效果检查。教育者要经常对大学生的学习情况进行回访，通过试卷、知识问答等途径检验理论教育的效果，深化他们的文化认知。

2. 情感陶冶法

情感陶冶法通常是指教育者在学习生活中利用环境、人格、实践活动等教育因素，潜移默化地影响大学生的文化情感，使大学生在潜移默化中感受中国优秀传统文化的力量。只有以情感人、以情优教，才会实现文化知识和文化情感的平衡。

良好的师生关系是实施情感陶冶法的重要因素。在一定条件下，一个人对优秀传统文化的热情和激情会感染到另一个人。因此，教育者在运用情感陶冶法的过程中要注重人文关怀，以师爱感化学生，以平等的地位加强与学生的对话；了解和理解大学生对中国优秀传统文化的所思所想，唤醒学生的文化认知；积极暗示、鼓励学生参与优秀传统文化活动。学生在这种情感氛围中能够感受到教师的关爱，产生移情效果，并将这种爱投射出去，提升自我效能，产生对优秀传统文化的热爱之情和亲近优秀传统文化的行为。此外，教师还要依靠自己的高尚文化品质来影响学生，身体力行、以身作则，告诉学生如何想问题、如何对待传统文化，从而激发大学生的文化情感共鸣。艺术陶冶是情感陶冶的重要方式。中国优秀传统文化中的戏曲、舞蹈、诗歌等寓意深厚，常常给人带来美的感受。借助中国优秀传统文化中的艺术作品感染学生，能陶冶他们的性情，提高他们的审美情感，达到美育与德育的平衡效应。

3. 辨析教学法

辨析教学法是指教师要根据教学内容精心设计辨析问题与情境，引导学生综合运用辩证思维、批判性思维，经过自主学习、合作学习、探究学习，在互动中表达自己的观点、理解别人的观点，最后做出正确的价值判断与行为选择的教学方法。辨析教学法有利于学生主体地位的发挥，提高学生的分析辨别能力、解决复杂问题的能力，使学生在辨析活动中坚持正确的政治方向，形成正确的价值观，培育思想政治学科核心素养。

首先，教师要精心设计辨析问题，引导学生运用已有的知识和能力对生活中的各种现象和观点进行辨别、分析和判断。辨析问题要具有一定的价值引领性，引领学生形成正确的价值观，还要有一定的开放性，帮助学生发散思维，学会从不同角度分析问题。其次，教师要组织探究活动，学生在充分理解辨析题目的基础上，根据已有的学科知识和思维能力，形成自我认识。随后教师组织学生进行展示交流，在观点的碰撞中深化对问题的认识，通过对不同观点的比较，反思自己的认识，弥补自己观点中的不足之处，最终形成正确的认识。最后，教师要做好总结和评价，对学生在辨析活动中的表现进行简要评价，肯定学生的创新之处，指出学生存在的不足之处，并指明改进方向，在辨析活动中提高学生的辩证思维能力和理性判断能力。

在辨析式教学活动中，通过小组辩论和自由辩论，学生能认识到要辩证地看待传统文化，坚持取其精华、去其糟粕，推陈出新、革故鼎新的原则，有鉴别地加以对待，批判地加以继承。通过开展辨析式教学，学生既可以深入理解教材中的内容，又能提高自己的辩证思维能力和批判性思维能力，有利于提高学生的学习兴趣，培育科学精神、公共参与等学科核心素养。

4.意志磨炼法

意志是中国优秀传统文化教育的催化剂。文化意志指大学生在接受文化思想和行为教育的过程中，遇到多元文化不断碰撞的情况时，对中国优秀传统文化坚决的态度和坚定的决心。意志磨炼法是教育者创设一定的困难情境，引导学生克服文化实践困难、调节学生文化行为的一种教育方法。优秀传统文化本身弘扬的就是一种顽强拼搏的精神，时刻激励着大学生不畏艰险、克服困难、砥砺前行。

良好的心理素质源于实践活动中的亲身体验和感悟。因此，为了磨炼大学生的意志，提高大学生的抗挫折能力，克服其文化情感上的脆弱，必须在文化活动中锻炼其意志力。"冰冻三尺，非一日之寒"，意志是在日常实践活动中锻炼出来的。首先，对大学生进行文化意志方面的知识教育，讲清什么是文化意志，坚强的文化意志意味着什么，使他们的意志品质在科学的轨道上发展。其次，教育者要有目的、有计划地选择一些有一定难度的学习内容。例如，让动手能力较差的学生制作文化手工作品，鼓励性格内向的学生组织协调一些关于优秀传统文化的活动……促使受教育者有意识地完成力所能及但稍有难度的任务，克服自身的弱点，达到锻炼文化意志的目的。再次，大学生要发挥主观能动性，根据自己的个性特征进行意志锻炼，克服不良的文化习惯。实践证明，每一次成功都将会使个人意志力进一步增强。如果你用坚忍的意志克服了一个坏习惯，那么你就会获得迎接另一个挑战并取得胜利的信心。最后，要制订切实可行、先易后难的计划。培养艰苦奋斗、坚忍不拔的意志品质是一个循序渐进的过程，并不是突然间产生的，需要反复练习，并严格要求自己，找出自己成功或者失败的原因，然后乘胜前进，使自己的文化意志战胜私人欲望。

5.实践锻炼法

实践锻炼法指教育者组织、引导受教育者积极参加各种实践活动，在改造客观世界的过程中改造受教育者的主观世界，使其不断提高思想觉悟和认识能力，养成良好的品德行为的方法。

实践锻炼法对大学生中国优秀传统文化教育有着举足轻重的作用。一是有助于大学生明确中国优秀传统文化的标准和立场，提高大学生的文化认知能力。二是有利于大学生将文化认知与文化实践相结合，进而形成良好的行为习惯。三是有利于大学生在实践中、在他人交往过程中，将文化认知转化为自己解决问题的实践途径，提高选择符合优秀传统文化标准行为的能力。

运用实践锻炼法，可采取多种形式。第一，教育者可以组织大学生进行社会调查、实地考察文化遗产、参观访问历史文化古迹，检验中国优秀传统文化知识，学习英雄楷模的事迹。第二，鼓励大学生参加与文化相关的业务实践，包括社会文化工作、教育实习、社会服务等。在完成具体工作时，大学生经受思想、能力、体力各方面锻炼，能够培养艰苦奋斗、不怕困难的优良品质。第三，可按照大学生的培养方案进行实际锻炼活动。引导大学生尊重文化习俗和文化习惯，认识不同民族之间的文化差异以及历史传统，养成积极践行优秀传统文化的习惯，成为中国优秀传统文化的践行者。

6. 因材施教法

因材施教法是一种重要的教育方法，在现代思想政治教育中也同样重要。因材施教是指教育工作要从实际出发，讲究应变能力和创造性。针对教育的内容、教育对象的特点和思想实际状况来选择合适的方法。

大学生有着独特的特点，这也决定了融入工作中采用因材施教法的必要性。在大多数高等院校中，思政课都是作为公共课，进行大班授课，在编排学生时并没有照顾到不同专业的学生，所以就出现了有的班级既有工科专业的学生又有文科专业的学生，不同基础的学生同上一节课，教师也无法做到因材施教，学生掌握知识的情况参差不一。所以在思政课分班授课时要采用小班教学，兼顾不同专业的学生，人文基础不同的学生需要不同的学习进度、理论难度和授课方式，方便差异化管理与教学，为因材施教提供保障。在授课过程中，任课教师要做到与时俱进，面对时代的新变化、国家的新要求、教材的新修订有针对性地改变教育内容。针对教育对象的不同特点，教师应该做到对待不同专业的学生准备不同的教案，对于有一定基础的人文社科类的学生可以设置一些具有难度的问题，而对于理工科的学生则要注重基础知识的讲授。具体落实到针对每一个学生的实际情况进行因材施教，就需要高校辅导员的帮助，教师需要经常和辅导员沟通，尽量了解大多数学生的情况，在课堂教学时做到了如指掌，针对不同的学生创设不同的教学情境。而对于一些身心发展或者个性、态度有特殊情况的学生，可以量身订制教育方案，多利用课下时间与这些学生交流想法，这样在融入工作中才能做到有的放矢。

7. 习惯养成法

从古到今，行为习惯的养成是教育者始终关注的课题。习惯养成法特指对大学生的文化行为养成教育的方法，具体是指坚持马克思主义理论、知行并重的教育理念，尊重大学生的身心发展规律和思想特点，以培育良好文化行为习惯为基点，综合各种社会力量，使大学生的文化行为符合社会发展要求。行为形成习惯，良好的习惯受用终生。理论教育法负责对大学生进行系统知识教育，培养文化认知能力，是行为养成教育实施的前提；习惯养成法负责帮助大学生实现从知识体系向情感和行为习惯体系的转化。

习惯养成不是一次性教育，一步一个脚印才能走得稳、走得踏实，最终达到持续的、坚持的效果。文化习惯养成的最高境界就是大学生的文化行为不需要大脑指令，而是主动去做事。美国心理学家威廉·詹姆斯曾提出习惯的养成主要分为三个阶段。第一阶段是刻意的改变。大学生要刻意提醒自己去改变，认真学习文化知识，参照中国优秀传统文化的教育要求去做。第二阶段是刻意、自然的阶段。大学生在这个阶段认为接受中国优秀传统文化教育是比较自然、比较舒服的。但思想稍有松懈，还会恢复到第一阶段。因此，教育者和受教育者要时刻提醒自己改变错误的文化认知和行为。第三阶段是不刻意、自然而然的稳定期，即习惯。一旦进入这个阶段，意味着习惯养成法取得了成效，大学生已经完成自我的改造，使文化习惯成为生命中一个有机组成部分。

运用习惯养成法要充分利用传统文化规范大学生的日常行为。"不学礼，无以立。"（《论语·季氏》）中国素有"礼仪之邦"之称，礼仪文明是大学生中国优秀传统文化教育的重要内容。因此，高校要以规章制度规范大学生平时的礼仪习惯，编写《行为习惯养成评价手册》促进学生良好行为习惯的养成，以传统文化礼仪习惯解读《行为习惯养成评价手册》，让学生明确良好行为习惯的标准。此外，教育者也可以制定班规约束学生的行为习惯，如保持端庄、大方的仪表，文明用语，互相尊重、真诚的人际交往……强化良好行为习惯的养成。

（五）重视高校思想政治教育者的主导作用

唐朝学者韩愈认为"师者，所以传道授业解惑也"（《昌黎先生集》），清楚地表达了教师的任务是教书育人。思政课教师在课堂教学中引导着整个思政课程完整有序地进行，带动在校青年学子在课堂中思考的积极性和学习的主动性，间接性地提升学生的思维认识水平，影响着育人成才的效果。因此，在高校思政课教学过程中，思政课教师的主导地位对中国优秀传统文化融入高校思想政治教育显得非常重要。

1.思政课教师应具备思想政治教育专业素养

作为一名思政专业课教师，必须拥有良好的思政专业知识素养。首先，高校图书馆蕴藏着各式各类的书籍，思政课教师要合理把握课余时间，阅览报纸、杂志等，主动关注国家大事和最新的时政，积累所教授学科及相近领域的广博知识，增进专业知识素养。思政课教师还可以主动去图书馆阅读马列主义相关的书籍，研读各大研究学者发表的思想政治理论刊物，了解中国共产党百年历史的发展规律、社会主义建设征程等知识，树立辩证唯物主义思维，锻炼系统地、辩证地、实事求是地看问题的能力。其次，还可以通过参观红色文化旅游景点、理想信念教育基地、观看解放军革命斗争夺取政权的视频等红色实践活动，接受其熏陶，通过坚定政治方向来提升自身的素养。

2. 思政课教师应掌握中国优秀传统文化知识

高校思政课教师学习好、了解好、领悟好中国优秀传统文化是十分必要的。了解中国优秀传统文化可以从以下几个方面开展：第一，阅读文言文或古诗词之类的经典，更加深刻地理解古人的思想。第二，思政课教师可以观看央视网推出的《百家讲坛》栏目，该栏目在专家、学者和百姓之间搭建起一座传播中国优秀传统文化的桥梁，邀请一些比较有名的专家学者讲授中国优秀传统文化，他们讲得更精确、更专业，思政课教师跟着专家学习中国优秀传统文化，能丰富自己的知识水平，增长见识。第三，微信公众号学习。这是最方便了解中国优秀传统文化的知识学习渠道，思政课教师可以通过手机微信关注解读中国优秀传统文化的公众号，利用闲暇时间听一听、学一学，感受古人的伟大智慧。第四，实地感受学习。思政课教师可以到孔府、孟子故乡等名人故居感受传统文化氛围，感受魅力，扩展视野。思政课教师以不同的方式了解中国优秀传统文化，并将其运用到高校思政课教学中，能让中国优秀传统文化得到更好的弘扬和发展。

3. 思政课教师应开发利用优秀传统文化资源

高校思政课教师应坚持党的教育方针，根据课标要求，立足教学实际，科学、合理地开发利用优秀传统文化资源，弘扬中华民族精神，从而调动学生学习的积极性，增强思想政治课的教学实效性，提高思想政治课的教育教学质量。高校思政课教师可以在课余时间在资源库中查询相关资料，充实自己的中国优秀传统文化知识资料库，并把搜集到的资料传授给学生，一方面可以丰富大学生的知识存量，另一方面也能巩固自身的知识根基。

在开发利用优秀传统文化资源的同时，教师也应注意开发与教材相匹配的知识内容。例如，博物馆和遗址中的相关知识可以成为学生的学习资源，有助于学生的学习和理解，提高学生对中国优秀传统文化的接受度和理解度。

（六）提升大学生学习中国优秀传统文化的意识

1. 大学生要端正对中国优秀传统文化的学习态度

首先，我们要帮助新时代大学生正确认识中国优秀传统文化的时代价值和精神魅力。其次，我们要培养大学生养成阅读经典的习惯。最后，大学生要能学以致用，即将学到的优秀传统文化知识与现实生活相结合，感受其当代价值和时代魅力，培养民族文化认同感。

2. 大学生要担负起传承中国优秀传统文化的责任

大学生对民族的认同源于中国优秀传统文化，它是中华民族的精神命脉，也是每个中国人与生俱来的"胎记"。中国优秀传统文化被继承、被弘扬需要每个中国人民担负起应有的历史职责。青年一代是国家和民族的未来，也是中国优秀传统文化忠实的继承者、倡导者、发展者，更应该担负起传承的责任。因而大学生应该合理安排时间，在课堂上、在课余时间、在社会实践中学习中国优秀传统文化，不断提升对其的认知，感受其时代魅力。社会主义核心价值观是当今时代的最强音，在培育和践行社会主义核心价值观时应将中国优秀传统文化融入其中。此外，大学生还应树立保护优秀传统文化的意识，对散落在民间的古籍文本进行收集，对非物质文化遗产进行记载和传承，对故意迫害历史文物、扭曲民间艺术的行为进行坚决的抵制。同时大学生也要积极参与校园文化活动和社会志愿服务活动，在实践中担负起传承中国优秀传统文化的责任。

3. 大学生要提升中国优秀传统文化素养

大学生要善于利用中国优秀传统文化来提高自身的素养，汲取其中的文化精髓来培育优良品德。例如：从自强不息的进取精神中汲取中华儿女革故鼎新、砥砺前行的精神，从厚德载物的包容思想中汲取海纳百川、以和为贵的品德，等等。大学生在平时的生活中也要养成"吾日三省吾身""慎独内省、见贤思齐"的修身养性的习惯，以不断强化自身的修养、完善自我，最终做到"修身、齐家、治国、平天下"。在志愿者服务实践活动中，大学生要时刻严格要求自己，帮人之难、救人之急、解人之忧，身体力行地践行中国优秀传统文化，成为新时代最忠实、最有力、最美的中国优秀传统文化代言人。总之，大学生要将中国优秀传统文化中的道德理念转化为具体生活中的道德实践，努力做到身体力行、知行合一。

4. 大学生要增强对中国优秀传统文化的认同感

中华优秀传统文化是中华文明的智慧结晶和精华所在，是将中国各个民族凝聚起来的纽带，是中华民族精神的集中体现，也是中华民族血脉永续、根基永固、薪火相传、再创辉煌的重要保障。历史充分证明，中国优秀传统文化是社会和谐的稳定器、国家富强的重要支撑。大学生是国家的栋梁、民族的希望，厘清中国优秀传统文化的产生、发展对国家、社会、人民的价值和意义，才能真正地认同中国优秀传统文化，才能对中国优秀传统文化产生高度的民族自豪感、自信心。一方面，大学生要从物质层面、精神层面和制度层面对中国优秀传统文化进行认同。物质层面的中国优秀传统文化是其直观的体现，如长城、丝绸等，可以带给大学生视觉上的震撼，感受古人的创造性精神力量。精神层面的中国优秀传统文化，可以用"天下兴亡、匹夫有责""位卑未敢忘忧国"等思想来概括，帮助大学生筑牢信仰之基、强化使命担当、笃行报国之志。另一方面，改革开放以来，不同形态的文化和价值观念在同一时空并存，相互交流交融又激烈碰撞交锋。历史虚无主义的一个重要表现就是虚无和否定中国优秀传统文化，面对这样的现实，将中国优秀传统文化融入大学生思政教育中，既可以使中国优秀传统文化原原本本地传承下来，而且可以使大学生在抵制错误思潮、还原历史真相的过程中，弘扬民族精神，增强文化自信。

（七）创新中国优秀传统文化融入大学生思政教育的方式

1. 在理论学习中融入优秀传统文化

思想政治理论课具有丰富的内容，是大学生理论学习、道德养成的主课堂，是发挥优秀传统文化思想政治教育功能的主要途径之一。将优秀传统文化融入思想政治教育理论学习中，要求我们借鉴优秀传统文化深厚的精神内核。中国传统文化的基本精神包括天人合一精神、贵和尚中精神、以人为本精神、刚健有为精神、自然精神、会通精神、人文精神、奇偶精神等。从思想政治教育的发展需求出发，我们可以将优秀传统文化的精神内核简要归纳为超越自我的大爱精神、自强不息的奋斗精神及天人合一的和谐精神。

在思想政治教育理论学习中融入优秀传统文化需关注以下几点：

第一，要传承与发展优秀传统文化超越自我的大爱精神。在儒家思想体系中，仁的本质即爱人。最早提出"仁者爱人"理念的是儒家思想的创始人孔子。孔子的"仁者爱人"以"爱"为核心，囊括了爱亲、爱众与爱物的范畴，在这一范畴的指引下，讲仁爱成为古代治国安民、协调人际关系的行为指南。在思想政治教育理论学习中传承与弘扬优秀传统文化超越自我的大爱精神是实现思想政治教育立德树人目标、培养社会主义事业建设者和接班人的前提与基础。

第二，要继承与发展优秀传统文化自强不息的奋斗精神。可以说，百折不挠的奋斗史即对中华民族发展史的形象表达。不论是"天行健，君子以自强不息"（《周易·乾卦》），还是"其为人也，发愤忘食，乐以忘忧，不知老之将至"（《论语·述而》）……上述内容都是对中华民族奋发图强的拼搏精神的真实写照，显示出中华民族屡遭坎坷而不馁、久经磨难而不屈的奋斗精神。在思想政治教育理论学习中继承与发展优秀传统文化百折不挠的拼搏奋斗精神，是培养青年学生艰苦奋斗、奋发图强精神的理论源泉，是激励中华儿女艰苦拼搏的不竭动力，是实现中华民族伟大复兴梦想的必备品质，更是思想政治教育义不容辞的责任与使命。

第三，要传承与弘扬优秀传统文化天人合一的和谐精神。天人合一思想始终是优秀传统文化的主要思想。天人关系是古代哲学的一个元问题，是哲学家必须面对和思考的一个基本问题。坚持天人合一思想的指导，是传统文化中处理天人关系的首要选择和主要方式。传统文化中的"天"与我们现在说的"自然"并非同一概念，"天"的含义要比"自然"丰富得多，传统文化中的"天"始终涵盖着现代意义上的"自然"。"天人合一"的本质是人与自然和谐、融洽相处，天人合一的深层含义之一就是要求我们把自然界看作万物的生命之源。"天地者，万物之父母也"（《庄子·达生》），表明天地是所有事物诞生的源头，人作为万物之一，始终只是自然界的一部分。因此，人们应爱护、顺应、保护自然，在顺应自然万物生长规律的基础上对其进行合理利用与改造，使自然更好地造福人类，努力实现双赢。思想政治教育引导学生传承和发展优秀传统文化的和谐精神，养成和谐理念，实现和谐价值，不仅是建设社会主义生态文明的现实需求，也是涵养学生道德观、实现社会和谐的有效举措。

2.在实践教学中融入优秀传统文化

在实践教学中融入优秀传统文化，要求教育者在开展思政课的过程中，不但要努力传授优秀传统文化的理论知识，以此来涵养和培育大学生的"三观"，同时也要认识到优秀传统文化鲜明的实践性，积极引导学生在思政课学习过程中坚持理论性与实践性相统一，将课堂上的理论学习与课堂外的实践活动有效结合起来，把课堂上所学的传统文化理论知识有效运用到课堂外的实践活动中，进一步传承和发扬优秀传统文化。

立足实践，在思想政治理论课实践教学中融入优秀传统文化。之所以要把优秀传统文化融入实践教学中，是因为，一方面，优秀传统文化具有显著的实践性特征。优秀传统文化是历代中华儿女在艰难竭蹶的实践过程中创造和积淀的，具有鲜明的实践性，如百折不挠的拼搏精神、知行合一的思想理念、注重实际的务实精神、振兴中华的爱国情怀等都教导人们在实践中运用和检验所学知识。另一方面，理论知识是思想的先导，是实践行动的源泉。只有在正确理论引导下的实践活动才有可能取得更为显著、理想的效果，只有经过实践检验的理论才能成为真理，成为人们的行动指南。

在实践教学中融入优秀传统文化，要求我们重视下述几点：首先，必须注重实践教学基地的开发和建设。为确保思政课实践教学活动顺利、高效地开展，学校应积极寻求校外单位、企业进行合作，建立一个持久稳定的实践教学基地。校外实践教学基地可以是博物馆、兄弟院校、历史遗迹、革命基地、名人故居等。其次，要高度重视学生的社会实践，促使社会实践常态化。思政课实践教学应注重以学生思想道德情操的熏陶、贡献意识的强化、思维视野的拓展、专业知识的巩固与提高为目标，坚持活动开展以学生的思政理论知识和技能为基础，以学生的需求和爱好为立足点，力求实践活动的形式多而不乱、内容丰富而有序，促使社会实践活动成为思政课教学的常态化选择。

要实现思政课社会实践活动的常态化，需从以下几个方面入手：一是高校各院系领导和党学、团学干部要高度重视，密切关注学生的社会实践活动。思政课社会实践能否成为一种持续化、常态化的活动，在很大程度上取决于院系领导和党学、团学干部对这一活动的认识和重视程度，这是实现思政课社会实践活动持续化、日常化的基础。二是实现思政课社会实践活动的日常化、持续化进行，就需要高校积极采取有效措施并坚持不断总结，保证每一年、每一季度、每一月、每一次的实践活动都能顺利、高效地开展。这是实现社会实践活动常态化的有力保障。三是社会实践活动的常态化贵在坚持不懈、重在积累经验。社会实践活动的开展不应该是出于某个人的一时兴起，更不应该是形式工程、应付差事的被动选择。社会实践活动的常态化，要求学生深入实践教学基地，认真参与每一次社会实践活动，切实关注每一个社会实践活动的对象、任务，从小事做起，从基础做起，坚持不懈、不断积累。这是实现社会实践活动常态化的有效举措。在思政课实践教学中融入优秀传统文化，要求我们在开展与思政课相关的社会实践活动时，必须紧密结合优秀传统文化，将优秀传统文化中满足思想政治教育发展需求的优秀成分运用到学生的思政课社会实践活动中。这不仅是充分发挥优秀传统文化思想政治教育功能的重要路径，而且也是实现思想政治教育创新发展的有效举措。

（八）挖掘多维度中国优秀传统文化自信培育内容

中国优秀传统文化自信培育为学生打开了传统文化的新世界大门，彰显了重要的时代价值。高校要与时俱进地完善中国优秀传统文化自信培育内容，以生动鲜活的素材使学生感知中国优秀传统文化的独特魅力。

1.从中华文化核心思想理念中汲取营养

核心思想理念是中国优秀传统文化的重要内容。中国优秀传统文化凝聚了广大中国人民的人文禀赋与思想内涵，滋养了中国人民的精神世界，铸牢了民族自尊和自信的文化根脉与文化底蕴，具有强大的感召力。《关于实施中华优秀传统文化传承发展工程的意见》明确指出："传承发展中华优秀传统文化，就要大力弘扬讲仁爱、重民本、守诚信、崇正义、尚和合、求大同等核心思想理念。"中国优秀传统文化自信培育离不开中国优秀传统文化中的核心思想理念滋养，以激发大学生的文化自豪感。

2.从中华传统美德中萃取丰富的育人资源

中华传统美德是中国优秀传统文化的思想精髓，是中华民族代代相传的优良道德准则与行为规范，为继承和弘扬中华传统美德、建设社会主义道德文明提供重要的传统文化资源。国无德不兴，人无德不立。新时代背景下，我们要理直气壮地传承中华传统美德，从中汲取丰厚的养分。而传承发展中国优秀传统文化，就要大力弘扬自强不息、敬业乐群、扶危济困、见义勇为、孝老爱亲等中华传统美德。高校要引导大学生从内心认可、于情感上接受、在行动中践行中华传统美德。

3.从中华人文精神中凝聚强大精神力量

中华民族经过五千多年的文明传承，孕育了具有强烈民族性和时代性的人文精神。新时代大学生既要拥有广博的专业知识，还要拥有丰富的人文知识，还要努力提升中国优秀传统文化素养，培养中国优秀传统文化自觉，增强中国优秀传统文化自信，做有理想、敢担当、能吃苦、肯奋斗的新时代好青年，把人生理想融入国家和民族事业，让青春在全面建设社会主义现代化国家的伟大实践中绽放绚丽之花。

参考文献

［1］徐永春.中国传统文化与思想政治教育 [M].北京：光明日报出版社，2016.

［2］鲁力.中国传统文化的思想政治教育价值研究 [M].北京：中国社会科学出版社，2017.

［3］彭锡钊，王振江，于颖.我国传统文化与学校思想政治教育 [M].北京：九州出版社，2017.

［4］王易.传统文化与思想政治教育创新 [M].北京：中国人民大学出版社，2018.

［5］姚运肖，韦地，王飞.传统文化精神与大学生思想政治教育 [M].北京：国家行政学院出版社，2018.

［6］康超.中国传统文化与大学生思想政治教育研究 [M].北京：中国文史出版社，2016.

［7］张薇，付欣.我国传统文化与思想政治教育的融合创新研究 [M].西安：西北工业大学出版社，2019.

［8］谢丹.传统文化视域下的高校思想政治教育 [M].北京：九州出版社，2018.

［9］吴江.中国传统文化的思想政治教育价值研究 [M].北京：北京理工大学出版社，2019.

［10］张吉，杨朝晖.新时代背景下传统文化融入高校思想政治教育探索与发展 [M].天津：天津人民出版社，2021.

［11］杨朝晖，段玥婷.全球化背景下中华优秀传统文化与大学生思想政治教育的融合研究 [M].天津：天津人民出版社，2019.

［12］史良.传统文化与高校思想政治教育融合发展的价值研究 [M].石家庄：河北人民出版社，2019.

［13］黄惠.优秀传统文化在高校思想政治教育中的实践应用 [M].沈阳：东北大学出版社，2019.

［14］亓凤香.中华优秀传统文化融入思政课教学研究 [M].长春：吉林大学出

141

版社，2020.

［15］邓云晓，陆志荣. 传统文化视阈下大学生思想政治教育创新研究 [M]. 成都：
西南交通大学出版社，2020.

［16］卫鋆霞. 传统文化视觉下高校思想政治教育创新路径研究 [J]. 湖北开放职
业学院学报，2021，34（16）：16-17.

［17］郭钏，宋祥勇. 中国传统文化在思想政治教育美育价值的发现与渗透探究
[J]. 中国多媒体与网络教学学报，2021（7）：41-43.

［18］何光英. 中国优秀传统文化在高校思想政治教育中的价值及融合路径 [J].
四川警察学院学报，2021，33（3）：107-113.

［19］程杰莹，杜欣远. 传统文化融入高校思政教育的价值、困境及实践进路 [J].
汉字文化，2021（24）：197-198.

［20］张静，刘建军. 中国传统文化在高校思政课教学改革中的价值运用与路径
研究 [J]. 公关世界，2021（23）：90-91.

［21］卜海艳. 中华优秀传统文化融入高职院校思政教育的意义及途径探析 [J].
北京劳动保障职业学院学报，2021，15（4）：59-63.

［22］李婷. 大学生思政教育中融入中华优秀传统文化的路径 [J]. 中国民族博览，
2021（23）：110-112.

［23］陈浩，宋瑞超. 以中华优秀传统文化涵养高职思想政治教育生态路径初探
[J]. 湖北开放职业学院学报，2021，34（23）：78-80.